SYMUD
YMLAEN

GAN
VIVIAN JONES

CYHOEDDIADAU'R
GAIR

ⓗ Cyhoeddiadau'r Gair 2015
Testun gwreiddiol: ⓗ Vivian Jones
Golygydd Cyffredinol: Aled Davies
Clawr: Rhys Llwyd

Argraffwyd ym Mhrydain

**Cyhoeddwyd gan
Cyhoeddiadau'r Gair, Cyngor Ysgolion Sul Cymru,
Ael y Bryn, Chwilog, Pwllheli, Gwynedd LL53 6SH.
www.ysgolsul.com**

CYNNWYS

*Er cof am Gareth, Alwyn a Bryn, a aeth yn rhy ifanc,
a gyda diolch am gael cwmni'r annwyl Deric cyhyd.*

*'Pwysicach nag unrhyw fewnwelediad, nac â dim i'w wneud â'ch
credoau sylfaenol, yw cael pobl yn eich bywyd y gwyddoch eich bod
yn rhannu argyhoeddiadau â nhw.'*
Oddi wrth lythyr gan Dietrich Bonhoeffer i gyfaill.

RHAGAIR

Bu dilyn Iesu, ers dechrau meddwl drosof fi fy hun, yn brofiad gafaelgar, er weithiau'n gymhleth a phoenus. Rhan o'r profiad i mi oedd astudio agweddau o Gristnogaeth, yn ffurfiol am 4 blynedd ac yn anffurfiol wedyn am oes. Brwydro hefyd, fel llawer un arall, i ddeall arwyddocâd yr Efengyl drwy ei phregethu - am 67 o flynyddoedd, ac mewn mwy nag un diwylliant yn fy achos i.

Wrth nesu at ddiwedd fy nhaith, er i mi ysgrifennu tri llyfr ar bynciau Cristnogol y degawd diwethaf hyn, mae awydd ynof i rannu mwy o'm meddyliau a'm profiadau, a dyna yw achos y llyfr hwn, sy'n fwy hunangofiannol na'r lleill a ysgrifennais. Deuddeg pennod sydd ynddo ar bynciau amrywiol, nad oes rhaid eu darllen yn unrhyw drefn, ar wahân i'r bennod olaf.

Pan ddechreuais fy mhererindod, yn naturiol i rywun ifanc, ceisiais hoelio popeth i lawr, diffinio'r Efengyl yn glir a manwl. Yn y cyfnod anaeddfed hwnnw, gadawn i'r hyn a ddywedai eraill wrthyf oedd fy mhrif anghenion personol i - a phawb arall - lywio fy nghred. Ond ers oesoedd nawr ymestyn a wnaeth gorwelion fy ffydd, a dyfnhau a wnaeth ei hanfod. Mae'n dal i wneud, ac mae'r rhyfeddod, wrth ymwybod â hyd a lled y datguddiadau sy'n parhau i ddod, yn feddwol. Gobeithiaf y bydd y meddylfryd hwnnw ynof yn parhau fel y gall fy ysbryd ymdebygu fwyfwy i'r hyn y tybiaf oedd ysbryd Iesu, a ddaeth i'r byd hwn yn gryf ond yn dyner a gwylaidd a chyfeillgar.

Yn y llyfr hwn mae rhai pethau a ddywedais mewn mannau eraill. Mae'r ail bennod yn ailadrodd y cyfan bron o bennod olaf llyfr a gyhoeddodd Cristnogaeth 21 dro'n ôl, 'Byw'r Cwestiynau'. Mudiad i hyrwyddo trafod meddyliau cyfoes yw Cristnogaeth 21. Cyfieithiad gennyf fi o gyfres o ddeuddeg o ddarlithiau a roddwyd at ei gilydd gan ddau weinidog Methodus, Jeff Procter-Murphy a David Felten, o Arizona yn yr Unol Daleithiau yw 'Byw'r Cwestiynau'. Ond yr oedd pennod olaf y gyfres yn anaddas i Gymru, felly ysgrifennais bennod arall yn ei lle, 'Y Dyfodol'. Cynhwysais lawer o'r bennod honno yn ail bennod y llyfr hwn, 'Gwaddol Cystennin'. Eto, talfyriad yw'r unfed bennod ar ddeg, 'Diwinyddiaeth yn y Gymru Gymraeg Anghydffurfiol Heddiw' o bennod a gyhoeddwyd yn Y Traethodydd am Ionawr 2011. Diolch i Olygydd Y Traethodydd am ei chyhoeddi, ac am roi caniatâd i'w chyhoeddi yn y llyfr hwn hefyd.

Mae gweinidog o Gymro a weithiodd yn yr Unol Daleithiau ac yna a ddychwelodd i Gymru, yn gorfod bod yn ofalus wrth sôn am grefydd yn yr Unol Daleithiau rhag rhoi'r argraff bod popeth crefyddol yno'n well nag yw yma. Felly ers pan ymddeolais i Gymru ugain mlynedd yn ôl, wedi gweinidogaethu am bymtheng mlynedd yn eglwys Americanaidd Annibynnol Plymouth, yn ninas Minneapolis, yn nhalaith Minnesota yno, ceisiais fod yn ofalus rhag cyfeirio'n aml at America. Ond nawr teimlaf fy mod wedi ennill yr hawl i dynnu America – ac eglwys Plymouth o ran hynny - i mewn i'r llyfr hwn fel y mynnwyf. (Gyda llaw, hwyliodd yr Annibynwyr cyntaf a ymfudodd i'r America, y Tadau a'r Mamau Pererin, o borthladd Plymouth yn Lloegr ar 'The Mayflower', ac enw llawer iawn o eglwysi Annibynnol yn America yw naill ai Plymouth, neu Mayflower.)

At ei gilydd, cefais adolygiadau teg ar y llyfrau a ysgrifennais y degawd diwethaf hyn, ond dysgais ambell wers. Hoffwn wneud yn glir felly nad ysgolhaig mohonof, yn ceisio ysgrifennu'n gynhwysfawr ac awdurdodol am bob pwnc y cyffyrddaf ag ef. Fy amcan yw ceisio mynegi meddyliau a symudodd fy neall i o'm ffydd a'i goblygiadau ymlaen, a'm deall i o'm gwaith gynt fel gweinidog. Gobeithio y gall hynny fod yn help nid yn unig i rai cyd-Gristionogion a chyd-weinidogion i symud ymlaen, ond drwyddynt hwy, ambell eglwys yng Nghymru hefyd.

Gydol y llyfr, yr wyf wedi osgoi'r gair capel, a defnyddio'r gair eglwys, pan mai cyfeirio at y gymuned Gristnogol y byddaf. Gair am adeilad yw capel yn y bôn, eglwys yw'r gair am y gymuned. Mae gen i ofn ein bod ni 'gapelwyr', wrth ddefnyddio'r gair capel am ein cynulliadau yn awgrymu statws isradd i ni ein hunain yng ngolwg rhai.

Mae cwestiynau'n dilyn pob pennod ar gyfer unrhyw rai a fydd yn dewis astudio'r llyfr mewn grŵp.

Diolchaf yn gynnes i ddau gyfaill y gofynnais iddynt edrych dros y llyfr cyn iddo gael ei argraffu, Dewi Myrddin Hughes, a Pryderi Llwyd Jones, dau berson cywir a hirben. Bu eu hymateb yn galondid.

Fel llawer un sy'n hen, mewn materion cyfrifiadurol dibynnaf ar wyrion, yn benodol gyda'r llyfr hwn, dwy wyres, Lowri Barnard a Manon Tinnuche. Diolch yn fawr iawn iddynt. Ond pe bawn wedi ysgrifennu llyfr ar arddio, byddwn yn diolch i'w brodyr, Samuel a Dyfan.

Diolch eto hefyd i'r brawd ffyddlon a grasol o Glydach, John Evans, am edrych dros y proflenni. Cymerodd y llyfr hwn fwy o amser na'r lleill. Oedran efallai, ond y cynnwys hefyd. Diolch i Mary am ei hamynedd.

Yn olaf, diolch i Aled Davies am dderbyn y gyfrol hon i'w chyhoeddi, am bopeth a wnaeth mewn cyswllt â'i chyhoeddi, ac am ei ffordd rwydd.

1. Cristnogaeth fel stori

Darlun o Fywyd

Mae gan bob copa walltog ohonom ddarlun o fywyd. Dechreua ymffurfio ynom o'n babandod, ac elfennau syml fydd ynddo'n gyntaf, yn ymwneud â phethau fel stumog lawn, a chysur. Daw elfennau newydd wrth i'n sylw ymledu, fel y gwelwn ffurfiau a lliwiau ac y clywn synau. Yna daw dylanwad oedolion ynghylch beth i'w fwyta, sut mae siarad, fel mae gwisgo. Cynyddu wna'r darlun wrth i ni ddal i gael profiadau newydd, fel deall bod dewisiadau mewn bywyd, a chyfle, gwasgfa'n wir, i wneud penderfyniadau drosom ein hunain.

Y Darlun yn Troi'n Stori

Daw adeg pan ddown yn ymwybodol hefyd o gymdeithas y tu hwnt i'n teulu, a deall mai pobl yn perthyn i'r gorffennol a gynhyrchodd lawer o'n patrymau byw, a down yn ymwybodol o amser, gan sylweddoli y bydd ein dewisiadau presennol ni'n hunain yn llywio ein dyfodol. Daw bywyd wedyn i ymddangos fel llif yn hytrach na golygfa, fel stori symudol yn hytrach na darlun llonydd.

Straeon am Brofiadau Dynolryw

Ers dechrau hanes, ceisiodd pobloedd cyfain esbonio agweddau o'u profiadau. Gwnaent hynny ar y cyntaf er mwyn gweld sut i ymateb i fywyd a dylanwadu arno, ac mewn straeon y gwnaent hynny, straeon ynghylch prif gwestiynau bywyd, cwestiynau dwfn ac eang a chynhwysfawr - o ble y daeth popeth, beth yw ystyr dioddefaint, beth yw hanfod moesoldeb, beth fydd diwedd pob peth. Cafodd myrdd o fyrddiynau eu hamgylchu a'u meddiannu gan ryw un o'r straeon hynny. Caed personau i gadw'r straeon ac egluro eu harwyddocâd. Ymhen amser bu farw rhai o elfennau'r straeon yn wyneb gwybodaethau a phrofiadau a gweledigaethau newydd a ddaeth drwy bersonau mwy ymchwilgar ac ysbrydoledig - a dewr - na'u cyfoedion, neu oherwydd dylanwad pobloedd eraill.

Straeon crefyddol oedd y rhain yn eu hanfod, ond yn y canrifoedd diweddar datblygodd straeon, fel comiwnyddiaeth a secwlariaeth, nad ydynt yn grefyddol yn y bôn, er bod ganddynt rai nodweddion crefyddol. Yr unig ffordd gynhwysfawr i ddisgrifio'r rhain i gyd yw eu galw'n straeon mawr esboniadol.

Cefndir y Straeon

Mae holl bobl y cread erioed wedi eu geni i mewn i ryw un o straeon mawr esboniadol ein byd. Tebyg y bydd a fynno'r stori y genir pobl i mewn iddi â'r brif stori yn y rhan o'r byd y trigant ynddi. Stori Hindŵaidd fydd prif stori'r India, stori Fwslimaidd fydd prif stori Indonesia, a stori Gomiwnyddol fydd prif stori Tseina heddiw. Mae lluoedd mawr na ddônt i gyswllt bywiol â straeon eraill y byd, ac os clywant amdanynt, prin y cânt gyfle i'w pwyso a'u mesur, a gall newid eu stori gostio'n ddrud yn deuluol a chymdeithasol. Nid mater rhwydd fyddai newid eu stori. Y mae elfen o siawns felly, os nad o dynged, yn y stori y maged y mwyafrif ohonom i mewn iddi.

Bydd llawer o'r elfennau yn y straeon gwahanol yn gyffredin iddynt i gyd bron. Byddant yn cynnwys rhyw ddealltwriaeth o realiti terfynol bywyd, ffyrdd i gysylltu â hwnnw neu honno neu hynny, bydd enwau mawrion o'r gorffennol sydd wedi cynnig cyfarwyddyd ynghylch hyn oll, a bydd ffyrdd o fyw sy'n addas i rai sy'n derbyn arweiniad y mawrion hyn. Ond gall fod amrywiaeth mawr y tu fewn i un stori yn unig, y tu mewn i stori Hindŵaeth er enghraifft, heb sôn am rhwng y straeon gwahanol.

Yn ôl yr awdur Karen Armstrong, un o nodweddion ein cyfnod ni yw bod straeon mawr ein byd am y tro cyntaf erioed yn cyfarfod â'i gilydd ac yn dylanwadu ar ei gilydd. Mae rhai cyfarfyddiadau'n elyniaethus wrth gwrs, ond mwy a mwy mae cyfarfyddiadau'n arwain at straeon yn dysgu oddi wrth ei gilydd, Hindŵaeth yn dysgu amynedd oddi wrth y stori Fwdïaidd er enghraifft, a Mwslimiaeth yn dysgu parch at fenywod oddi wrth y stori Gristnogol – ar ei gorau beth bynnnag.

Y Stori Gristnogol

Darlun ar ffurf stori yw Cristnogaeth, ac i mewn i'r stori hon y'm ganed i, a mwyafrif mawr Cymry fy nghenhedlaeth i. Erbyn heddiw, mae llai o Gymry ifanc yn cael eu geni i mewn i stori Cristnogaeth, ac mae llawer o'r rhai sydd wedi eu geni i mewn iddi, wedi ei chlywed mewn ffordd sy'n arwain at ymwadu â'i dylanwad wedi tyfu'n oedolion. Ni chefais i ateb i bopeth yn y stori Gristnogol, ond cefais ynddi lawer o atebion, ac o bryd i'w gilydd, wrth i mi aeddfedu, pan fyddai'r stori'n annigonol, mewn rhyw argyfwng efallai, cawn ryw 'newydd wyrth' ynddi a olygai ei bod yn dal ei gafael ynof.

Teimlais erioed mai rhan o etifeddu'r stori hon i mi, oedd galwad i'w harchwilio'n drylwyr er mwyn medru rhoi cyfrif ohoni pan ddeuai galw neu gyfle. Newidiodd rhai unigolion eu stori, ac yn ein byd cyfoes lle mae cynnydd mewn cyswllt rhwng pobloedd gwahanol, dichon y gwna mwy, ond ni chefais i gyswllt bywiol â'r un stori arall. Byddai'n ddiddorol gwybod beth fyddai'r effaith arnaf pe bawn, er enghraifft, wedi cael ffrind agos iawn a aned i mewn i stori wahanol.

Mynegiant Diweddar o'r Stori

Y mae stori Cristnogaeth yn hir a manwl, ac nid yw un bywyd yn ddigon i'w harchwilio a'i chymhathu'n llwyr. Mae'n cynnwys straeon eraill, fel stori'r Beibl a stori'r Eglwys – ond mae'n fwy na'r rheiny. Bydd rhai'n ei chael yn anodd i dderbyn hynny efallai, oherwydd iddynt o bosibl gyfystyru Cristnogaeth â'r Beibl neu'r Eglwys, yn ymarferol os nad yn feddyliol. Yn y cyflwyniad i gyfrol y cyfeiriodd Rowan Williams ati fel '*A triumphantly executed achievement*', sef '*A History of Christianity*' (2009) gan Diarmaid MacCulloch, Athro Hanes yr Eglwys yn Rhydychen, sonia MacCulloch am 'y stori Gristnogol.'

Dechreua MacCulloch y stori Gristnogol ym myd Groeg a Rhufain, yna troi at yr Hen Destament, cyn dechrau ar y cyfnod Cristnogol penodol, ac wedyn daw â'r stori lawr hyd at heddiw. Am a wn i nad dyma'r gyfrol unigol fwyaf cynhwysfawr am y stori Gristnogol a ysgrifennwyd hyd yma. Mae'n rhyddhau'r darllennydd oddi wrth gyfyngiadau neu wyriadau Gorllewinol wrth feddwl am Gristnogaeth, gan ei bod yn trin Cristnogaeth yn Ethiopia ac Armenia er enghraifft. Mae ynddi berspectif a all ei ryddhau hefyd oddi wrth Feibl-addoliaeth. Dengys fendith enfawr y Beibl, a'r ffyrdd gwahanol y defnyddiodd Cristnogion ef yma a thraw dros y canrifoedd. Gall llyfr MaCulloch ryddhau darllenydd hefyd oddi wrth ormes unffurfiaeth, a'r gred mewn traddodiad 'clasurol', oherwydd un o'r pethau ynddo sy'n taro darllenydd yw'r gwahaniaeth mewn credoau sydd wedi nodweddu rhannau gwahanol o'r byd Cristnogol dros y canrifoedd.

Anhawster Gweld Cristnogaeth fel Stori

Bydd yn anodd gan rai Cristnogion dderbyn y syniad mai stori yw Cristnogaeth. Meddyliant am stori fel creadigaeth ddychmygol efallai, syniad a all olygu iddynt ei bod yn gyfrwng rhy simsan a goddrychol i ddisgrifio Cristnogaeth. Pwysleisiant esboniadau eraill, megis Cristnogaeth fel ffynhonell credoau, neu athroniaeth ar fywyd. Ond nid casgliad o gredoau yw Cristnogaeth, eithr stori am berson, y paratoad amdano, ei ymddangosiad, a'r hyn a'i dilynodd. Nid ymchwil ymenyddol am wirionedd terfynol yw chwaith, fel ymchwil athronwyr Groeg yn y canrifoedd cyn Crist. Gall syniadau athronyddol fod yn gysylltiedig â Christnogaeth, ond mae gormod o elfennau o fathau eraill ynddi iddi gael ei galw'n athroniaeth - megis defodau, cymdeithas, ac un arweinydd. A lle bydd athroniaeth yn ceisio osgoi rhagdybiau amhrofedig, mae gan Gristnogaeth gynseiliau digyfnewid, megis bywyd Iesu, agweddau o'i natur a geiriau ganddo..

Amos Wilder a Ffurfiau'r Efengyl

Yn y cyswllt hwn mae'n werth ystyried trafodaeth un o ysgolheigion y ganrif ddiwethaf o anian yr Efengyl. Yr ysgolhaig hwnnw oedd yr Americanwr Amos Wilder (brawd hŷn Thornton Wilder, awdur *The Bridge of San Luis Rey,* nofel a wnaed yn ffilm dair gwaith eisoes, ac sydd ar bob restr o nofelau gorau'r ugeinfed ganrif.) Bu Amos fyw'r ganrif bron; 1895 - 1993. Yn y Rhyfel Gyntaf gyrrodd ambiwlans yn Ffrainc, enillodd y *Croix de Guerre*, ac ysgrifennodd farddoniaeth am y Rhyfel. Yna dewisodd fynd i'r weinidogaeth Annibynnol, ac astudiodd mewn nifer o golegau, gan gynnwys Iâl, Harvard, a Mansfield yn Rhydychen. (Bu'n ysgrifennydd i Albert Schweitzer am gyfnod, a thra ym Mansfield bu'n cystadlu yn Wimbledon!)

Gyda hyn daeth yn Athro Testament Newydd, a dysgu mewn sawl coleg cyn gorffen yn Harvard. Ysgrifennodd dros dri deg o lyfrau, a newidiodd un ohonynt, sef *Early Christian Rhetoric, The Language of the Gospel, (1964)* hinsawdd astudiaethau Testament Newydd. Ynddo edrychodd heibio i bwyslais ysgolheigion y Testament Newydd yn ei ddydd ef ar eirfa a thestunau a dangos sut y cymerodd yr Efengyl ffurfiau llafar ac ysgrifenedig a oedd eisoes yn bod a rhoi bywyd newydd ynddynt. Ond dangosodd hefyd fod y ffurfiau hynny yn eu newydd wedd ynghlwm wrth hanfod y neges Gristnogol! Hynny yw, nid maneg i'r Efengyl, nid corff i ysbryd yr Efengyl, oedd ei ffurf, yr oedd yr Efengyl wedi ei mynegi mewn ffurfiau a oedd ynghlwm wrth y datguddiad ynddi, ffurfiau a oedd yn rhan o'r Efengyl ei hun, ffurfiau'n wir a oedd a fynnent â natur Duw. Rhestrodd Wilder y ffurfiau hyn, sef deialog, dameg, barddoniaeth, a delwedd (neu sumbol neu fyth) – ond yn bennaf, stori.

Cyfeiria at grefyddau sy'n cynnwys gweledigaethau cyfriniol yn bennaf, eraill sy'n cynnwys gosodiadau athronyddol yn bennaf. Nid stori yw prif gyfrwng mynegiant y crefyddau hynny, meddai, ond gweithgarwch Duw, pethau a wnaeth Duw yn ein byd ni, yw thema'r Efengyl. Yr hyn a wna'r Efengyl felly yw cyflwyno'r gweithgareddau hynny, dweud yr hanes amdanynt, adrodd y stori. Mae straeon eraill y tu mewn i'r brif stori, megis straeon am wyrthiau, a'r damhegion, ac mae elfennau eraill ynddi, fel cofnodion o achau a rhestrau'r gwynfydau, ond yn y diwedd, stori yw'r Efengyl. Sonia Wilder am rai o nodweddion stori, yn arbennig ei gallu unigryw i'n tynnu i mewn iddi a'n gwneud yn rhan ohoni hi.

Canlyniad Gweld Cristnogaeth fel Stori

Wrth gymhwyso pwyslais Wilder i Gristnogaeth gyfan, a sôn am Gristnogaeth gyfan fel stori sy'n adrodd am weithgareddau Duw yn ein byd, mae canlyniadau llesol iawn yn dilyn. Golyga nad llyn yw Cristnogaeth, i bysgota ynddo am osodiadau y gellid eu tynnu allan a'u troi'n ddatganiadau ynysig, anffaeledig. Dylai hefyd gadw Cristnogion rhag dweud mai rhan o'r stori sy'n cael ei harddel ganddynt hwy yw'r stori i gyd: bydd rhai Cristnogion yn byw eu ffydd ar sail themâu yn y stori sy'n llai na'r stori gyfan, mai ffordd i ennill bywyd tragwyddol yw Cristnogaeth er enghraifft. Caiff negeseuon rhannol fel y rheiny eu pregethu o Sul i Sul, fel pe baent yn gyfystyr â Christnogaeth, ond sail annigonol ydynt i'r ffenomenon cyfan a elwir yn Gristnogaeth.

Ni all neb chwaith wadu'n derfynol bodolaeth Duw'r rhai sy'n byw o fewn y stori hon. Ar un ystyr, ateb crediniwr i'r neb sydd yn gwadu bodolaeth Duw, yw dweud, wel, mae'n bod yn fy stori i. (Sawl blwyddyn yn ôl, mewn araith yng Nghyfarfodydd Blynyddol Undeb y Bedyddwyr, cyhuddodd Yr Athro Denzil Morgan Gristnogaeth 21 o wadu bodolaeth gwrthrychol Duw. Ond yn ôl Wittgenstein, a ystyrid gan rai y blaenaf o athronwyr iaith hanner cyntaf y ganrif ddiwethaf, iaith yw croen realiti – ond ni ellid mynd yn nes na hynny at realiti.) Canlyniad arall yw'r angen am ofal mawr i geisio gweithio allan prif neges y stori gyfan ar gyfer y man a'r cyfnod y byddwn ni'n byw ynddynt.

Hynt y Stori

Dechreuodd y stori Gristnogol yn stori lafar a geisiai wneud synnwyr o brofiadau unigryw un pobl, yr Iddewon. Ymhen amser cofnodwyd y stori, gan gael gwared ar rai rhannau a chadw rhannau eraill. Mae'r stori'n cynnwys hanes, canmol, ymbil, cwyno, doethineb, a negeseuon cewri moesol proffwydol, ac yn ei chanol y mae Iesu. Ond daliodd y stori i symud ymlaen wedi i'r hanes am Iesu yn y Beibl ddod i ben, fel ei bod yn fwy na'r stori yn y Beibl yn unig.

Ymdrechion i Ddweud y Stori

Gwaetha'r modd, ond yn ddealladwy oherwydd culni gorwelion eglwysig, ni chafwyd mo'r stori'n gyfan yn y gorffennol, ond un o fendithion aruthrol ein cyfnod ni yw llyfrau ar Gristnogaeth sy'n ceisio dweud y stori gyfan o'r dechrau hyd at heddiw, ac ar raddfa fyd-eang. Un arloeswr oedd Athro o Iâl, yn yr Unol Daleithiau, Kenneth Scott Latourette (1886–1969), a ysgrifennodd hanes ymlediad Cristnogaeth o'r dechrau oll a than diwedd yr Ail Ryfel Byd, ar chwe chyfandir, mewn chwe chyfrol. Ond er cystal ei ymdrech, nid oedd heb ei gwendid. Cenhadaeth iddo ef oedd ystyr Cristnogaeth, ond edrychai ar hanes Cristnogaeth drwy gyfrwng gwaith cenhadol gorllewinol – heb fawr o sôn am waith brodorol yn India, Tseina ac ati. Eithr y mae'r gwaith diweddaraf, a nodais eisoes, sef llyfr MacCulloch, sydd dros fil o dudalennau, nid yn unig wedi elwa ar y globaleiddio a nodweddodd fywyd yn y blynyddoedd diweddar hyn, ond wedi elwa hefyd ar ysbryd ecwmenaidd yr ugeinfed ganrif.

Cefndir Iddewig y Stori

Dengys MacCulloch mor amrywiol a dyrys y mae'r stori, ond dengys hefyd mor gyflym y cefnodd Cristnogion ar eu gwreiddiau Iddewig a throi at y meddylfryd Rhufeinig-Groegaidd a nodweddai'r byd o'u cwmpas. Efallai fod hynny yn y cyfnod hwnnw'n anorfod os oedd Cristnogaeth am fod yn genhadol, ond collwyd ystyron llawer o ddywediadau Beiblaidd, a gwnaed Iesu gyda hyn yn Orllewinwr nid yn unig o ran pryd a gwedd (gweler Holman Hunt a'i *Jesus, Light of the World*), ond o ran ei agwedd at bethau. Byddai gennym gwell gafael ar lawer yn yr Efengyl pe bai'r cof am Iddewiaeth wedi ei gadw'n draddodiad byw. Yn ei lyfr *'Iesu'r Iddew'* tynnodd Pryderi Llwyd Jones sylw at y ffaith ein bod yn aml wedi creu Iesu na fyddai ef ei hun ddim yn ei adnabod.

Pe bai'r cof am Iddewiaeth wedi ei gadw'n draddodiad byw byddai ymddygiad Cristnogaeth tuag at Iddewon dros y canrifoedd wedi rhoi llai i Gristnogion Ewrob i edifarhau amdano hefyd. A thrwy roi cefndir y prif gredoau a ffurfiwyd erbyn canol y bumed ganrif, dengys MacCulloch fod yr Eglwys a'u lluniodd yn wahanol iawn i'r Eglwys Gynnar. Cwyd hynny oll gwestiynau, nid yn unig ynghylch awdurdod y credoau, ond hefyd ynghylch uniongrededd yn gyffredinol, beth yw ei ystyr, sut effeithiodd ar y bywyd eglwysig bryd hynny, a beth yw ei le heddiw.

Cristnogaeth a'i Ffurf Sylfaenol

Ond uwchlaw popeth yr hyn a rydd llyfr MacCulloch yw ymwybyddiaeth o holl ffenomenon Cristnogaeth fel stori esboniadol enfawr. Mae'n stori sy'n cynnwys yr Eglwys, ei gwreiddiau, ei hanes, ei hysbrydoliaeth, ei chredoau, ei chymdeithasau, ei harweinwyr, ei ffyddloniaid, holl weddau ei bywyd, ei llwyddiant, ei methiant, a'i hynt a'i helynt er gwell ac er gwaeth ers dyddiau Iesu. Mae'n stori sy'n cynnwys Beibl yr Eglwys, ei ffurfiau gwahanol, y dulliau o'i gofnodi, yr hanes ynddo, ymbil ei bobl a'u cwynion, eu hofnau a'u ffydd a'u gobeithion, y cyfan. Ond mae'n fwy na'r ddeubeth hynny hefyd.

Mae diwinydd lleyg o Awstralia, y Pabydd Neil Ormerod, yn ei lyfr *'Creation, Grace, and Redemption'*., wedi ein rhybuddio rhag y perygl o gamgymryd ffurf sylfaenol unrhyw destun. A ffurf sylfaenol hanes Cristnogaeth, yw stori, un o straeon mawr esboniadol ein byd yw hi.

Cwestiynau:

1. Beth yw'r gwahaniaeth rhwng stori a darlith?

2   A ydych yn credu bod llawer o Gristnogion yn gweld eu ffydd fel stori?

2. Gwaddol Cystennin

Troeon yn Hanes Cristnogaeth

Mae personau yn hanes yr Eglwys Gristnogol y buaswn wedi hoffi clywed mwy yn y coleg diwinyddol am eu bywyd. Mewn sgwrs anffurfiol ag Athro efallai. Un yw Paul: pam y gwahaniaethau rhyngddo ef ac awduron yr Efengylau - dim gwyrthiau yn llythyron Paul, llawer yn yr Efengylau; dim gwragedd yn rhestr Paul o'r rhai a welodd yr Iesu atgyfodedig (1Cor.15,5-7), ond gwragedd yn ei weld yn yr Efengylau (Mathew 28,1-10; Ioan 20,14-18). Un arall y buaswn wedi hoffi clywed mwy am ei fywyd oedd Cystennin.

Y prif newid yn hanes y gymdeithas Gristnogol yn dilyn bywyd Iesu, yw un a ddigwyddodd yn gynnar iawn, sef trosi'r stori Gristnogol o Aramaeg, iaith Iesu a'i ddilynwyr cyntaf - ffurf ar Hebraeg, iaith yr Hen Destament, i Roeg, prif iaith Ymerodraeth Rufain, a iaith y Testament Newydd.

Daeth yr Efengyl yn hysbys i lawer iawn mwy o bobl drwy ei mynegi mewn Groeg, ond gall rhywbeth fynd ar goll, a gall llawer gael ei ychwanegu, er gwell ac er gwaeth, wrth gyfieithu. Gwaith ysgolheigion Testament Newydd yw trafod cwestiynau sy'n codi o hynny. Ond nid yw Cristnogion erioed wedi osgoi cyfieithu'r Beibl, ac nid yw'n taro dyn bod hynny wedi gwneud mwy o niwed nag o les i neges yr Efengyl. Beth bynnag, os oedd yr Efengyl i fynd ar led, yna cam anochel oedd y trosi o Aramaeg i Roeg.

Eithr cafwyd troeon yn hanes Cristnogaeth nad oedd yn anochel. Digwyddodd un yn 1526, yn Ewrob, pan wahanwyd Pabyddion oddi wrth Brotestaniaid. Mae'r gwahaniad yn parhau, wrth gwrs. Digwyddodd newid arall cyn hynny, yn 1053, pan wahanodd Cristnogion Ewrob, Cristnogion y Gorllewin, oddi wrth Gristnogion y Dwyrain, yr Eglwysi Uniongred, Eglwysi Rwsia, a Rwmania, ac Ethiopia ac ati heddiw. Mae'r rhaniad hwnnw'n parhau hefyd: er enghraifft, nid yw Eglwysi'r Gorllewin yn cadw'r Pasg ar yr un dyddiad â'r Eglwysi Uniongred, er ymdrechion diweddar i gytuno ar ddyddiad. Ond ar wahân i'r newid anochel o Aramaeg i Roeg, y newid mwyaf yn y byd Cristnogol yn y gorffennol, heb os nac oni bai, oedd un a ddigwyddodd tua 321.

Y Newid Mawr

Am dair canrif cyntaf eu bodolaeth, lleiafrif anghyfreithlon oedd Cristnogion. Ni chaent eu herlid byth a hefyd, ond yr oeddent bob amser yn agored i fympwy llywodraethwr lleol - neu Ymerawdr Rhufain ei hun. Yn O.C. 64, dinistriwyd canol dinas Rhufain gan dân, a chredai'r trigolion mai'r Ymerawdr Nero a'i dechreuodd am ei fod eisiau'r tir i godi palas newydd arno. Ond pan glywodd Nero fod rhai'n ei feio ef, beiodd ef y Cristnogion, gan ladd llawer ohonynt mewn ffyrdd creulon a chyhoeddus – fel eu clymu ar byst a'u rhoi hwythau ar dân fin nos – i oleuo'r tywyllwch meddai!

Rhaid oedd i'r Cristnogion felly gyfarfod gan amlaf yn ddirgel mewn tai neu ogofâu. Er hynny, yn araf, tyfai'r Eglwys. Cyn dyfod Cristnogaeth, yr oedd llu o grefyddau ofergoelus, a hyd yn oed anfoesol, yn yr Ymerodraeth Rufeinig. Denwyd rhai pobl meddylgar nad oeddent yn Iddewon at Iddewiaeth felly oherwydd ei moesoldeb. Gyda dyfodiad Cristnogaeth, a dderbyniai bob cenedl, tynnwyd mwy a mwy o'r bobl dda hyn, a eilw'r Testament Newydd yn 'rhai sy'n ofni Duw' (Actau 13,16), at y Cristnogion. Gwnaethant hynny i raddau oherwydd pwyslais mawr Cristnogion hefyd ar ymarweddiad, a roddodd iddynt enw da nid yn unig fel cymdeithas, ('gwelwch fel y mae'r Cristnogion hyn yn caru ei gilydd' broliodd y diwinydd Tertwlian, 160 - 220), ond fel gweithwyr a chymdogion hefyd.

Yna, ddechrau'r bedwaredd ganrif, gofidiai'r Ymerawdr ar y pryd, Cystennin (288-337), fod ei Ymerodraeth yn dadfeilio, a cheisiodd wella pethau. Symudodd ei lys o Rufain i Byzantium, dinas yn nes at ganol ei Ymerodraeth, a newid ei henw i Gaergystennin (Constantinople) - Istanbwl heddiw. (Un canlyniad anfwriadol oedd i Esgob Rhufain – y Pab, a fu byw tan hynny yng nghysgod yr Ymerawdr, gael ei hun nawr heb unrhyw her i'w flaenoriaeth yn y Gorllewin.)

Ond cam arall a gymerodd Cystennin i gadw'i ymerodraeth at ei gilydd, oedd cael un grefydd drwy'r Ymerodraeth. Ni wnâi unrhyw un y tro - crefydd genedlaethol oedd Iddewiaeth, ond yr oedd Cristnogaeth yn agored i bawb, a hi a ddewisodd Cystennin. (Yn ôl Eusebiws, hanesydd Cristnogol cynnar, pan oedd Cystennin ar fin mynd i frwydr fawr un diwrnod, yn 312, gwelodd arwydd croes yn y cymylau, ac o dano y geiriau, 'yn yr arwydd hwn byddi di'n fuddugoliaethus heddiw' – ac fe fu.). Ar wahân i'r newid o Aramaeg i Roeg, dyma ddechrau'r newid mwyaf dylanwadol a pharhaol (dwy ganrif ar bymtheg) yn holl hanes Cristnogaeth tan ein dyddiau ni!

Effaith Newid Cystennin

Anodd dychmygu heddiw effaith penderfyniad Cystennin ar drigolion amrywiol ei Ymerodraeth fawr. Cred rhai haneswyr nawr i'r newid ar y cyntaf fod yn llai nag y barnodd llawer ers hynny. Ond gwyddom am rai o effeithiau'r newid ar y Cristnogion. Yr oedd y rhyddid oddi wrth y posibilrwydd o erledigaeth yn nefoedd iddynt, mae'n rhaid. Nawr hefyd gallent godi addoldai, a dyna ddechrau'r traddodiad pensaernïol Cristnogol – er, heb draddodiad o adeiladau Cristnogol, yr hyn a wnaed yn gyntaf oedd efelychu adeiladau cyhoeddus Rhufain, fel y fforwm, math ar 'neuadd y dref'. At hynny, mewn mannau dinesig yn arbennig, cafodd arweinwyr Cristnogol fri cymdeithasol newydd. Yng Nghaergystennin, weithiau gwahoddai Cystennin esgobion lleol i gyd-fwyta ag ef yn ei balas.

Ond hanfod y berthynas newydd oedd fod yr Eglwys yn rhoi ei bendith ar y wladwriaeth a'i gweithgareddau, a'r wladwriaeth yn rhoi ei chefnogaeth i'r Eglwys a'i gweithgareddau. Eithr yr oedd y berthynas yn fwy cymhleth na hynny. Gwelwyd dau ganlyniad yn arbennig a barhaodd yn rhyw ffurf am y canrifoedd o ddyddiau Cystennin hyd at ein dyddiau ni, cyfnod y *'Constantinian Compact'* – cyfnod 'byd cred'.

Y Ddau Ganlyniad

1. Unffurfiaeth Cred.

Collwyd pwyslais Cristnogaeth ar ymddygiad nodweddiadol Gristnogol. Sut ellid cael ymddygiad newydd dros Ymerodraeth enfawr yn cynnwys pobloedd o bob cenedl, llwyth, iaith a diwylliant, a mwyafrif y rheiny nid wedi dewis dilyn Iesu ond o dan orfod i'w gydnabod?

Un peth a ddilynodd penderfyniad Cystennin oedd bod esgobion a diwinyddion blaenllaw nawr yn rhydd i fynegi eu barn ar goedd. Eithr mynegodd rhai eu hanghytundebau hefyd, a ffrwydrodd rhai o'r rheiny'n ddadleuon croch ac anraslon. Defnyddiwyd dadleuon diwinyddol hyd yn oed i ddyrchafu neu i ddiorseddu gwahanol esgobion, a hyd yn oed i alltudio rhai.

Yr oedd ffraeo ar goedd rhwng arweinwyr Cristnogol yn gwbl groes i amcan Cystennin. Galwodd Gyngor yn Nicea felly (Ithnik yn Twrci heddiw), i drafod un achos ffraeo, sef y berthynas rhwng y Tad, y Mab a'r Ysbryd Glân, ac yn y Cyngor hwnnw, lluniwyd Athrawiaeth y Drindod. Yn ôl un amcangyfrif gwahoddwyd tua 1200 o esgobion a diwinyddion o bob cwr o'r Ymerodraeth, ond tua 200 a ddaeth, ac nid yw'n amhosibl bod Cystennin wedi cadeirio rhai o'r sesiynau

Disgrifiodd Diairmaid MacCulloch Athrawiaeth y Drindod fel '*a politically inspired middle of the road settlement which left bitter discontents on either side*'. Eithr cam cyntaf ymyrraeth ymerawdwyr Rhufain ym mywyd yr Eglwys oedd hyn. Yn 438 cyhoeddwyd cyfrol, Codex (=llyfr) Theodosianus, yn cynnwys y deddfau a ordeiniwyd gan Cystennin a'r Ymerawdwyr a'i dilynodd tan ddyddiau'r Ymerawdr Theodosianus. Deliodd pennod olaf y llyfr a 201(!) o ddeddfau ynghylch Cristnogaeth, yn ymwneud â ffydd, swyddogion eglwysig, hereticiaid, gwrthgilwyr, ac Iddewon.

Cymerodd pwyslais arall le ymddygiad, sef uniongrededd, rhywbeth haws i'w arolygu nag ymddygiad. Gall unffurfiaeth cred fod yn gryfder mewn cyfnod gwamal, a dyna'r ffydd rwyddaf i Gristnogion.o duedd uniongred ym mhob cyfnod. Ond gall hefyd rwystro trafodaethau a allai wella credoau sy'n bod eisoes, heb sôn am ddatguddio gwirioneddau newydd.

Daeth Ymerodraeth Rufain i ben, gyda chwymp Rhufain i'r llengoedd Ellmynig yn 410, ond parhaodd y berthynas rhwng Cristnogion ym mhob man â pha wladwriaeth bynnag oedd o'u cwmpas, tan ein cyfnod ni – mae esgobion anglicanaidd yn dal i eistedd yn Nhŷ'r Arglwyddi yn San Steffan heddiw! Ond ers amser nawr, mae'r cyfnod Cysteninaidd yn dod i ben, a rhan o waddol y gorffennol i ni Gristnogion heddiw yw credoau nad ydynt yn argyhoeddi pawb mwyach, a chwestiynau na thrafodwyd mohonynt ers oesoedd, sy'n gwneud y cyfnod newydd hwn yr ydym yn byw ynddo heddiw, yn un bygythiol i rai Cristnogion, ond yn 'anadl o'r uchelder' i eraill.

2. Cyswllt Cristnogaeth a Grym

Am y tro cyntaf, drwy ei pherthynas newydd â'r Ymerodraeth Rufeinig, yr oedd gan yr Eglwys berthynas â grym gwladwriaeth. Yr oedd gwadu Athrawiaeth y Drindod er enghraifft yn dor-cyfraith, a chosb bosibl am wneud hynny. Effeithiodd perthynas Cristnogion â'r wladwriaeth hefyd ar batrymau'r Eglwys, arweiniodd at Eglwys a gymerodd y wladwriaeth yn fodel, Eglwys awdurdodol, a chanddi swyddogion yr oedd gorfodi cred yn rhan o'u gwaith.

Deallai ambell unigolyn, fel Ffransis Sant (1181-1226) neges gariadus yr Efengyl, ac yn y Canol Oesoedd bu rhai mynachlogydd yn ynysoedd o garedigrwydd, ond mae'n werth nodi sut y gwêl rhai pobl allanol heddiw y berthynas a ddechreuodd yn y bedwaredd ganrif rhwng yr Eglwys Gristnogol a Rhufain. Mewn darlith a draddododd yn Boston yn yr Unol Daleithiau, Mai 2012, dywedodd y Rabi Brian Walt 'Drwy ddod yn grefydd yr Ymerodraeth, cymerodd Cristnogaeth arni y dasg o gyfreithloni gweithredoedd yr Ymerodraeth. Priodwyd crefydd a seiliwyd ar ddysgeidiaeth proffwyd radical, a ddysgodd am gariad, cyfiawnder a heddwch, i anghenion a chreulondeb ymerodraeth.'

O'r bedwaredd ganrif tan yr ugeinfed rhoddodd yr Eglwys ei bendith ar ymgyrchoedd milwrol yr Ymerodraeth, a derbyniodd help milwrol yr Ymerodraeth yn ei chenadaethau. Tri chyfnod yn hanes yr Eglwys y dysgwyd fi amdanynt yn y coleg ddiwinyddol, (a) y bedair canrif gyntaf, tan 451, (b) cyfnod y Diwygiad Protestannaidd, o tua 1450 hyd at 1650, (c) y cyfnod modern. Ond wedi gadael y coleg, hanes yr ail gyfnod, a hanes cynnar ein henwad ein hunain bron yn llwyr, a ymddangosai yn ein cyhoeddiadau enwadol. (Nid oes gan yr un enwad Anghydffurfiol yng Nghymru awdurdod ar Lwtheriaeth neu Uniongrededd, na hyd yn oed Babyddiaeth. Ydyw hi'n well ymhlith yr Anglicaniaid?)

Ychydig felly a glywodd Cristnogion Cymru am y dioddefaint a achoswyd yn enw Iesu ar hyd y 'cyfnod Cysteninaidd', ar wahân i ddioddefaint eu hachau eu hunain yn y ffydd, ac eithafion fel y Croesgadau a'r Chwilys. Dyma enghraifft: Brenin y Ffrancod ddiwedd yr wythfed ganrif oedd Charlemagne, Carolo Magno, a ddaeth yn 800 yn Ymerawdr yr Ymerodraeth Rufeinig Newydd. Ond er mwyn creu'r Ymerodraeth Newydd, mynnodd Charlemagne bod lluoedd, y Sacsoniaid yn arbennig, yn troi'n Gristnogion – a lladdodd filoedd a wrthododd! Dyna ansawdd llawer o Gristnogaeth y Cyfnod Cysteninaidd.

Bu rhai o'n harwyr Cristnogol ni'n rhan o'r grym bydol hwn. Martin Luther, (yng ngwlad yr Holocawst!) ddywedodd bod unrhyw un sy'n llosgi synagog yn gwneud cymwynas â Duw. A chefnogodd John Calfin, tad yn y ffydd i fwyafrif anghydffurfwyr Cymru, laddiad Servetus, meddyg disglair o Sbaen, a losgwyd wrth y stanc yn 1553 am wrthod credu yn y Drindod - er i Calfin geisio gan yr awdurdodau ei grogi am fod hynny'n garedicach na'i losgi! Ac nid anffyddiwr oedd Servetus, yn ôl traddodiad ei weddi olaf oedd, 'Iesu, Fab y Duw tragwyddol, trugarha wrthyf'.

Diwedd y Cyfnod Cysteninaidd

Erbyn hyn daeth y cyfnod Cysteninaidd i raddau helaeth i ben, lleiafrif yw Cristnogion yn y Gorllewin eto, ac nid yw'r farn Gristnogol yn cyfrif fel y bu. Nid yw pawb yn cytuno am effaith y cyfnod Cysteninaidd ar yr Eglwys Gristnogol. Gellid dadlau bod perthynas yr Eglwys â gwladwriaethau wedi galluogi'r Efengyl i ymledu fel na fyddai wedi gwneud heblaw hynny. Ar y llaw arall, dyna'r pethau negyddol y soniais amdanynt.

Ffigwr mawr iawn ym mudiad cenhadol y ganrif ddiwethaf oedd Norman Goodall, ac wrth geisio tafoli'r cyfnod Cysteninaidd, teimlai ef na allai ond atal barn yn y diwedd. Ond yn sicr, un o brif dasgau Cristnogaeth heddiw yw dinoethi ei hun o bob arlliw o ddylanwad ymerodrol o'r gorffennol. Cymwynas aruthrol rhai o'r tadau ymneilltuol oedd dechrau'r gwaith, drwy ddadlau yn un peth nad dinasyddiaeth dyn sy'n gwneud Cristion ohono. Un o frawddegau cofiadwy'r Ymneilltuwr proffwydol Robert Browne (1550 – 1633) oedd, *'The Lord's people is of the willing sort'*,

Y mae gan eglwysi Cymru heddiw, fel bob amser, lu o dasgau - trefnu addoli, gofalu am rai anghenus, a chenhadu, ond am amser i ddod nawr, tra'n cyflawni'r gorchwylion hyn, dylent gadw'u llygaid yn agored i ddylanwadau niweidiol yn eu bywyd sy'n tarddu o'r cyfnod Cysteninaidd. Nid wyf yn amau nad oes elfennau o ddylanwad 'byd cred' yn ein ffydd ni nad ydym hyd yn oed eto wedi eu synhwyro.

Ond y mae rhai tasgau eisoes yn glir. Dylem ddatgysylltu Cristnogaeth oddi wrth unrhyw arlliw o rym a thrais, gan gynnwys uniongrededd haearnaidd. Dylem gydnabod a chroesawu mwy o amrywiaeth mewn dehongliadau o'r ffydd, wynebu'r cwestiynau sy'n codi ym meddyliau pobl heddiw, ac adfer yr hen bwyslais Cristnogol ar ymddygiad drwy osod perthynas Cristnogion â'i gilydd ac ag eraill o leiaf yn gydradd â'r credoau 'traddodiadol'.

Testun Diolch?

Mae'n naturiol fod rhywfaint o anghysur heddiw ymhlith Cristnogon sy'n ddigon hen i gofio dyddiau'r 'mynd' ar grefydd yma yng Nghymru. Ond oni ddylai pob Cristion yn ddiwahân ddiolch a llawenhau, a theimlo gwefr, am fod dylanwad y cytundeb Cysteninaidd yn dod i ben, a bod yr Eglwys Gristnogol ar y ffordd i feddiannu a thrafod rhyddid iddi hi ei hunan i ddilyn Iesu fel na chafodd ers dwy ganrif ar bymtheg?

Cwestiynau

1. Sut mae diffinio ein rhyddid newydd?

2. Sut mae ei ddefnyddio mewn eglwys leol?

3. Gweddau ar Bechod

Y gair pwysicaf yn fy ngeirfa Gristnogol i yn fy arddegau, ac am sbel wedyn, oedd nid y gair cariad, na ffydd hyd yn oed, ond pechod. Ni pherthynwn i eglwys efengylaidd-geidwadol, ac ni allai gweinidog yr eglwys y perthynwn iddi yn fy arddegau cynnar fod yn llai efengylaidd-ceidwadol, ond rhwng gweddïau'r diaconiaid yn y cwrdd gweddi wythnosol, a'u hareithiau yn y 'gyfeillach', yr oedd y gair pechod yn un trwm. Wedi'r cyfan nid oedd y capel yr awn iddo, Berea, Bynea, ond dwy filltir o Gasllwchwr, lle y cychwynnodd Diwygiad Evan Roberts yn 1904, y tu fewn cof i'r diaconiaid. Ond yn gymaint â dim efallai, yr oedd dylanwad emynau a ganem.

At hynny, wedi'r Ail Ryfel Byd ceid cyfarfodydd 'efengylaidd' yn Llanelli, tair milltir bant. Awn iddynt, clywn David Shepherd a Gwyn Walters yn pregethu am bechod, ac ar ddiwedd y bregeth, ar wahoddiad, codwn fy llaw, a mynd ymlaen i'r sêt fawr.

Yn un ar bymtheg, ac yn gweithio yng Nghaerdydd, awn i gyfarfodydd efengylaidd CIFCU yn y Brifysgol yno, a lediwyd gan Wynford Davies, myfyriwr a fu'n fewnwr i Gymru, a Glyn Davies yn faswr iddo, pan mai disgyblion yn Ysgol Ramadeg Pontypridd oedd y ddau! A sawl un a all ddweud erbyn hyn iddo fod yn bresennol yn y gynhadledd yn Y Borth ger Aberystwyth ym 1949 pan lansiwyd mudiad efengylaidd i fyfyrwyr Cymru – a Martin Lloyd Jones yno.

Ond er mor awyddus yr oeddwn i dderbyn y pwyslais efengylaidd-ceidwadol, ni afaelodd yn fy ysbryd i, a gyda'r blynyddoedd, ymhlith newidiadau eraill, daeth y syniad o bechod yn un amlweddog i mi, dull dieithr o feddwl amdano i'r mwyafrif o Gristnogion 'ddywedwn i.

Geiriau Eraill am Bechod

Flwyddyn wedi i mi ymddeol, ymwelais ag oedfa yn Plymouth, Minneapolis, yr eglwys a adewais. Un o'r gweinidogion cynorthwyol oedd yn pregethu, a dywedodd ei bod yn mynd i drin pwnc na thrafodwyd fawr arno o'r pulpud yn ei hamser hi yno, sef pechod. Gan mai fi bregethodd amlaf o ddigon tra bu hi'n gweithio yno, yr oedd yn dweud, o fwriad ai peidio, nad oeddwn i wedi pregethu fawr ar bechod.

Pan gyrhaeddais yr eglwys honno, yr oedd ffeministiaeth yn ymgodi'n gryf yno, a'r gair 'pechod' yn drafferth i rai menywod. Cofiaf un yn dweud wrthyf, pe byddai hi, pan yn ifanc (a'i mam wedi marw), yn dod adref ar nos Sadwrn dim ond munud yn hwyrach na'r amser yr oedd ei thad wedi ei benodi iddi, byddai ef wrth gât ei chartref, a phan welai hi'n dod, fe'i ceryddai mewn llais digon uchel i'r cymdogion glywed, a dweud y dylai plant, yn ôl y Beibl, ufuddhau i'w rhieni, felly ei bod hi'n bechadures.

Dichon mai ar goll ynghylch sut i warchod ei unig ferch oedd yr hen frawd, yn rhannol beth bynnag, ond yr oedd y troeon hynny wedi serio cof y ferch gan beri bod y gair 'pechod' yn dal i achosi trafferth iddi. Clywais yr un broblem gan sawl gwraig arall; yr oedd yn un o themâu ffeministiaeth y cyfnod. Wedi'r cyfan, yr oedd gwrywod offeiriadol drwy'r oesau wedi defnyddio eu syniad hwy am ganlyniadau tragwyddol pechod yn fodd i gadw pobloedd cyfain, gwragedd yn fwy na neb, yn eu lle!

Penderfynais, yn lle defnyddio'r gair pechod yn fy mhregethau bob tro y cyfeiriwn ato, ddefnyddio weithiau eiriau a gynrychiolai y wedd ar bechod y mynnwn ei thrafod. Siom felly oedd na ddeallodd y gennad y bore hwnnw beth fu'n digwydd ym mhulpud yr eglwys y gweithiai hi iddi, a hithau'n fenyw alluog, yn ffeminist frwdfrydig, a chanddi ddigon o gyfle i ofyn cwestiynau i mi.

Nid oedd hi'n efengylaidd-geidwadol yn ddiwinyddol, ond efallai ei bod hi, fel llu o Gristnogion, yn rhyddfrydol ei gogwydd dewisedig, ond yn ffwndamentalaidd rhywle ym mêr ei henaid. Gallai hynny olygu ei bod yn derbyn ambell air heb holi yn ei gylch, a'r gair pechod y pennaf un o bosibl. I bobl felly, y gair hwnnw yw'r uniongrededd o bob uniongrededd, achos sylfaenol yr angen am Efengyl yn y lle cyntaf.

Mae angen pwyslais enfawr ar y gair pechod ar lawer o Gristnogion, oherwydd hyd yn oed os nad ydynt yn ffwndamentaliaid ymwybodol, dibynna cymaint o ddiwinyddiaeth ag sydd ganddynt ar yr union air hwnnw. Cafwyd llythyr mewn papur dyddiol adeg y Nadolig y llynedd, gan frawd a ddadleuai dros ystyr llythrennol genedigaeth wyrthiol Iesu ar sail yr angen am geidwad perffaith ('oen di-fai') i allu'n gwared rhag cosb pechod. Pechod felly oedd yn cynnal strwythur ei ddadl, yn gyrru ei ddiwinyddiaeth. (Yn y ddeunawfed ganrif yr oedd Cristnogion yma a thraw yn trafod a fyddai angen ymgnawdoliad pe na bai pechod yn broblem!)

Eithr nid un ystyr sydd i'r gair 'pechod' yn y Beibl, ac nid pechod yw unig bwyslais sylfaenol y Beibl, na'r prif bwyslais bob amser yn ôl rhai. Byddai'n ddisgyblaeth dda i bob pregethwr osgoi'r gair pechod o bryd i'w gilydd a defnyddio'r gwahanol ystyron a roddir iddo yn y Beibl. Yn ôl *The Oxford Dictionary of World Religions*, i enwi ond un cyfrol, mae o leiaf tair agwedd iddo yn y Testament Newydd, un yn epistolau Paul; sef gallu llywodraethol yn y byd ac mewn pobl (Rhuf 5.12, 6.6a7), un arall yn yr ysgrifeniadau Ioanaidd, sef y gwrthwyneb i'r gwir, ac sy'n gysylltiedig ag anghredu yn Iesu (Ioan 9,41), ac un arall eto yn yr Hebreaid, lle y golyga anhrefn y gellir gwneud iawn amdano drwy aberth (2,17). Ond prin fod hyd yn oed hynny oll yn disbyddu'r hyn a ddywed y Beibl am bechod.

Gallai defnyddio gwahanol ystyron i'r gair arbed pregethwyr, nid yn unig rhag cyfyngu'r syniad o bechod i un dehongliad, ond hefyd rhag defnyddio dehongliad sy'n gwasanaethu eu hamcan hwy - rhywbeth a ddigwyddodd yn aml yn hanesyddol, ac sy'n dal i ddigwydd. Ar hyd y canrifoedd, fel y nodais eisoes, defnyddiodd clerigwyr y syniad o gosb dragwyddol hunllefus am bechod fel modd i gadw eu pobl yn dawel ac ufudd. Ond defnyddiwyd y gair pechod i wasanaethu amcanion Cristnogion am resymau digon tila hefyd. Yn ei lyfr *Christian Doctrine*, y llyfr diwinyddol cyntaf a roddwyd i mi i'w ddarllen yn y coleg diwinyddol, dywedodd J. S. Whale fod Crynwyr yn gwneud pechodau George Fox eu tad yn y ffydd yn dduach nag yr oeddent mae'n debyg, er mwyn i'w droedigaeth ymddangos yn fwy trawiadol. (Gan fod digrifwch yn brin mewn llyfrau diwinyddol, ychwanegaf sylw Whale: *'George Fox probably did sow some wild oats before his conversion, but in all probability they were only Quaker Oats.'*)

Ein Pechod Personol Mwyaf

Ond plymiodd eraill yn ddwfn i fyd euogrwydd am bechod. Un o Gristnogion enwog yr ugeinfed ganrif oedd Thomas Merton (1915 -1968). Cafodd ef blentyn gan ferch ifanc tra oedd yn fyfyriwr yng Nghaergrawnt, adeg pan ystyriai ei gydfyfyrwyr ef yn *'womanizer'*, ac mae lle i gredu bod euogrwydd am y ffordd y triniodd y ferch a gafodd ei blentyn wedi chware o leiaf rhan yn ei benderfyniad i ymuno â'r fynachlog Sisteraidd yn Gethsemani (*sic*), Kentucky yn yr Unol Daleithiau, a olygai gymryd llw o dawelwch am oes.

Dro'n ôl parodd hanes Merton i mi holi fy hun, beth, tybed, oedd fy mhechod mwyaf i. Am amser ni allwn feddwl am yr un y teimlwn y gellid dweud hynny amdano. Yna un noson daeth i mi atgof am fethiant y teimlwn mai dyna efallai oedd fy mhechod mwyaf erioed - hyd y gwn i, efallai bod barn Duw'n wahanol. Rhywbeth ym myd yr offeiriad a'r Lefiad yn nameg y Samaritan Trugarog (Luc 10,30-37) a 'aeth heibio' dyn anghenus iawn o achos dyletswydd crefyddol oedd fy nhrosedd, ac i wneud pethau'n waeth – yn fy ngolwg i beth bynnag – un o leiafrifoedd amlwg cymdeithas oedd y brawd yr euthum i 'heibio' iddo. Daw'r cof am y digwyddiad yn ôl o bryd i'w gilydd, gan fy nghadw'n berson mwy gonest a gwylaidd 'rwyn credu, ac yn llawer mwy ystyriol o eraill gobeithio. Rhai o fendithion euogrwydd! A fyddai hygrededd rhai sy'n sôn llawer mwy nag eraill am bechod yn gryfach pe baent yn manylu ond ychydig ar o leiaf drywydd eu pechod eu hunain? Digon di-weld yw cyfeiriadau rhai ohonynt at bwnc pechod. Sawl un ohonynt a allai enwi'r hyn a ystyriant hwy yw eu pechod mwyaf? Sawl un fyddai â diddordeb yn y cwestiwn? Cymeradwyaf ef fel disgyblaeth ysbrydol.

I Paul Tillich (1886–1965), diwinydd dylanwadol ganol y ganrif ddiwethaf, a ymfudodd i'r Unol Daleithiau o'r Almaen oherwydd Hitler a'i griw, un o dri phryder sylfaenol dynoliaeth yw euogrwydd am bechod. Y ddau arall yw pryder am ddifodiant (fel yn ofn llawer pan oedd Tillich byw, ynghylch y posibilwydd o ryfel atomig rhwng America a Rwsia), a phryder am ddiffyg ystyr i fywyd. Ym marn Tillich, pryder am ddiffyg ystyr oedd prif bryder dynoliaeth yn ei ddydd ef, credai fod un prif bryder yn fwy na digon o faich ar ysgwyddau un cenhedlaeth, felly teimlai fod gwthio euogrwydd am bechod hefyd ar ei genhedlaeth ef yn greulon.

Tynnodd Marcus Borg (a fu farw'n ddiweddar) sylw at y ffaith mai ystyr y gair *'religion'* yw ailgysylltu, (yr un *lig* sydd ynddo ag sydd yn *ligament* a *ligature* – rhywbeth sy'n cysylltu elfennau a wahanwyd, a *re* o'i flaen yn dynodi 'ail-gysylltu'). Yn ôl Borg, pan geisiodd ein hynafiaid Beiblaidd weithio allan pa bethau oedd fwyaf eisiau eu hailgysylltu ar ddynion, datblygwyd ganddynt dair thema (*macro-stories* yw ei enw ef arnynt) sef pechod a maddeuant, (Adda ac Efa yn Eden), caethiwed a rhyddid (yr Hebreaid yn cael eu harwain gan Moses o ormes Pharo yn yr Aifft), ac alltudio a dychwel (caethglud Iddewon i Fabilon yn y 6ed ganrif Cyn Crist). Stori Adda ac Efa a gafodd y lle blaen yn ein Cristnogaeth Orllewinol ni, ond stori Ecsodus oedd *'macro-story'* y caethwas yn America gynt (*'set my people free'*), ac yn y Dwyrain Canol heddiw, i filoedd ar filoedd, onid alltudiaeth (o'u cartrefi a'u gwlad) yw prif thema eu bywyd?

Mae gwahanol safbwyntiau ynghylch statws 'dyn' mewn perthynas â phechod hefyd. Dyma dri.

1. Pechadur Yw Fy Enw

I lu o Gristnogion, nid rhan o'n hunaniaeth yw pechod, dyna yw'n hunaniaeth ni, '...ni feddaf enw gwell:' meddai'r emynydd Thomas William (1761-1844). Weithiau bydd gennyf gwestiynau ynghylch hynny - fel pan ddarllenaf hanes ambell unigolyn na allaf feddwl amdano dim ond, neu'n bennaf, fel pechadur.

Ym mhapur dyddiol y *Western Mail* am Ebrill 29, 2000 – cedwais y rhifyn – cafwyd erthygl am Sbaenwr, Manuel Grimaldi, cefnder i'r diweddar Prince Rainier o Monaco. Ni soniai fyth am ei dylwyth, a meddyg teulu oedd, yn Sgiwen o bob man, ger Castellnedd.

Daeth amser pan oedd angen aren newydd arno, ac eisiau deialysis yn y cyfamser. Ceisiodd ei deulu a'i gydweithwyr ddwyn perswâd arno i roi ei enw ar restr i gael y pethau hyn, ond gwrthododd oherwydd yr oedd ef yn ail hanner ei chwe degau, yr oedd pethau felly'n brin, a chredai mai rhai iau ddylai eu cael. 'Cariad mwy na hyn nid oes, sef bod dyn yn rhoi ei einioes....?' (Ioan 15,13). 'Pechadur yw fy enw, ni feddaf enw gwell?' Anodd gen i gredu bod y gair pechadur yn disgrifio prif anian y dyn yna. Yr un fath am ambell unigolyn enwog, fel Kagawa gynt yn Siapan, ac Aung San Suu Kyi heddiw yn Myanmar (Burma gynt). Diau fod gan bob un o'r rheina eu beiau, ond ai'r rheiny yw eu prif nodwedd? A gwn am bersonau di-enw y gellid gofyn yr un cwestiwn amdanynt.

2. Iesu'n Credu Mewn Dyn?

Meddyliwr a gafodd sylw yng Nghymru pan oeddwn i'n iau, oedd J. R. Jones (1911 - 1970), Cymro o Fethodyn o Bwllheli a enillodd ddoethuriaeth o Balliol yn Rhydychen, ac a ddaeth yn Athro Athroniaeth yn Abertawe (1952). A fu enaid mwy difrifol a didwyll a gwylaidd erioed?

Ym marn J.R., y newid mwyaf a barodd Crist i gwrs hanes, oedd rhyddfreinio'r unigolyn a rhoi iddo arwyddocad digymar. Ond cydnabyddai J.R., medd E. R. Lloyd-Jones yn ei lyfr 'Yr Athro J. R. Jones' (Pantycelyn 1997), ei bod yn anodd i ni ddynionach gredu ynom ein hunain bellach, na bod yn hyderus am ddyfodol dynoliaeth, a chynigiodd dri rheswm am y dadrithio:

(a) Rhyfel 1914. Cafodd y ffydd yn naioni dyn a'i resymoldeb ei ddadrithio gan gynllwynion bradwrus yr ymerodraethau mawr, a chelanedd y Rhyfel.

(b) Diflaniad yr hen bortread o ddyn fel creadur meistrolgar a'i nwydau dan reolaeth. Yn dilyn gwaith y seicolegwyr Freud, Adler a Jung, gwelwyd dyn fel creadur afiach a phlygion tywyll o'i fewn, un hefyd wedi ymrannu yn ei erbyn ei hun.

(c) Yr ymwrthod yn Ewrop â'r gred mewn tegwch a rhesymoldeb. Cofleidiwyd Awdurdodaeth eto yn yr Ail Ryfel Byd, yn bennaf drwy Natsïaeth a Ffasgaeth. Disodlwyd yr 'hollalluog' ddyn, dywedwyd wrtho gan y mudiad a ddaeth drwy syniadau'r diwinydd Karl Barth, ei fod yn llygredig drwyddo.

Cydymdeimlai J. R. â'r ymddadrithiad hwn, ond methodd wrthod y gred ym mhosibiliadau dyn. Eithr am fod Iesu'n credu ynddo y methodd J.R. ag anghredu mewn dyn! Gwelodd fod Iesu yn yr Efengylau'n priodoli drygioni dynion i'w dallineb neu eu hanwybodaeth. Dyma enghreifftiau a ddefnyddiodd J.R., 'Ac efe a ddywedodd wrthynt, pa fodd nad ydych yn deall? A chennych lygaid pa fodd na welwch?' (Marc 8. 21, 18), a'r enghraifft fawr o'r gwrthodiad i ystyried dyn yn greadur cwbl ddirywiedig: 'A phan ddaethant i'r lle a elwir Calfaria, yno y croeshoeliasant ef, ...A'r Iesu a ddywedodd, 'O Dad, maddau iddynt, canys ni wyddant beth y maent yn ei wneud.'(Luc 23, 33-34.).

Ymwrthododd J. R. Jones felly ag anobaith am y natur ddynol. Cafodd ei lyfrau sylw yng Nghymru am gyfnod, ond ni chawsant fawr o wrandawiad. Mae llinellau emynyddol a aeth fwy na heb yn ddiarhebol, yn fwy grymus yn y byd Cristnogol yng Nghymru nag Athro Athroniaeth, hyd yn oed un a fagwyd ar fron Yr Hen Gorff! Ac un o hen sibolethau diwinyddion yw fod gan yr athronydd resymeg, ond bod gan y diwinydd resymeg *a* datguddiad!

3. Pechod Gwreiddiol

Mae o leiaf un ffordd arall o feddwl am bechod, un yr esgorwyd arni gan ddiwinydd enwog o'r canrifoedd cynnar, Awstin Sant (354-430) sef y syniad o 'bechod gwreiddiol', ymadrodd cyffredin erbyn hyn, er nad oes sôn amdano yn y Beibl. Gan mai ei deimladau ei hun o euogrwydd am ei fywyd rhywiol yn ifanc a esgorodd ar y syniad, ni ddylai ein synnu i Awstin gysylltu'r proses o estyn pechod ymlaen o un cenhedlaeth i'r llall, â rhyw. Gan i Adda bechu, awgrymodd Awstin fod ei ddisgynyddion i gyd wedi etifeddu 'ystaen' pechod drwy gyfathrach rhywiol.

Yn ei lyfr *Creation, Grace and Redemption* mae Neil Ormerod, diwinydd lleyg ym Mhrifysgol Babyddol Awstralia y soniais amdano ar ddiwedd y bennod gyntaf uwchben, yn siarad am bechod ac euogrwydd a maddeuant fel pawb arall, ond wrth drafod 'pechod gwreiddiol', dadleua mai'r ffordd orau i feddwl am yr ymadrodd hwnnw yw fel '*a statement about the universal victimhood of mankind*'. Megis plentyn yn cael ei gamdrin, pobl '*sinned against*' yw dynoliaeth yn y bôn, wedi eu condemnio i gyflwr o '*human brokeness, an interior shattering or destruction of consciousness that muddies our search for direction*'. Ac fel yn achos plentyn a gafodd ei gamdrin, mae'r euogrwydd a deimlwn heb wneud dim o'i le, yn niweidiol, ac yn galw am iachâd, nid maddeuant.

Ar adegau, byddaf finnau'n ymwybodol iawn o'r ffaith na roddwyd i mi'r posibilrwydd o fod yn ddibechod, ac wedyn gofynnaf beth yw'r berthynas rhwng fy meiau ymwybodol, beiau y dylwn deimlo'n euog yn eu cylch, a'r beiau ynof na allaf eu hosgoi – ac a oes modd i mi eu gwahaniaethu?

Nid yw pechod fel ffenomenon dynol mor syml ag y myn niferoedd mawr o Gristnogion. Mae rhychwant ein bodolaeth yn lletach yn aml na'n diwinyddiaeth. Mae pechod yn un o'r meysydd nad yw Cristnogion at ei gilydd wedi gwneud hanner digon o feddwl yn ei gylch. Mae'n hen bryd gwneud hynny.

Cwestiynau
!. A ydym yn gyfrifol am ein 'pechod gwreiddiol'?
2. A yw Iesu'n garedicach i ni nag ydym ni ein hunain?

4. Troeon Maddeuant

Prif Neges Cristnogaeth

Un ffordd o fynegi ystyr yr Efengyl yw dweud mai neges yw hi am faddeuant. Mae dwy brif wedd i faddeuant wrth gwrs, maddeuant Duw ohonom ni, a'n maddeuant ni o'n gilydd. Ymddengys i mi y gall fod cymysgwch ynghylch y ddwy wedd.

Y Wedd Gyntaf

Oes yn ôl, a finnau'n weinidog ifanc, euthum i gyrddau mawr ar nos Sadwrn mewn capel cyfagos. Yr oedd y pregethwr yn enwog. Pregethodd ar ddameg y Mab Afradlon (Luc 15,11-32), a'r agwedd o'r ddameg y dewisodd bregethu arni oedd penderfyniad y Mab ieuengaf i ddychwel o'r wlad bell am fod hyd yn oed gweision ei dad yn cael gwell bwyd na'r cibau moch yr oedd ef yn gorfod eu bwyta. Ond ar ei ffordd adref paratôdd esboniad mwy 'ysbrydol' i'w hadrodd, 'Fy nhad, pechais yn dy erbyn ac nid wyf mwyach yn deilwng o'm galw yn fab i ti....' Ond gwelodd ei dad ef yn dod o bell, a chyn iddo allu dechrau 'cyffesu', rhedodd allan ato a'i gofleidio. Neges y pregethwr oedd nad oedd eisiau dim mwy ar y tad na bod ei fab a fu ymhell, wedi dod adref.

Fisoedd wedyn rhoddodd yr un pregethwr y ddarlith ddiwinyddol yng nghyfarfodydd blynyddol ei enwad, gan drafod maddeuant Duw. Yn y bregeth, darlun syml, ond yn y ddarlith, un mwy cymhleth. Nid digon nawr oedd dod yn ôl at Dduw y Tad, beth bynnag y cymhelliad, rhaid oedd cyffesu pechod iddo nawr hefyd, a derbyn aberth Iesu ar y groes. Yr oedd yn siom ac yn gysur fod brawd mor alluog yn ddeublyg ei feddwl ynghylch un o brif bynciau ein ffydd, maddeuant Duw.

Yr Ail Wedd

Ond maddeuant rhyngom ni ddynionach a'n gilydd y mynnwn i ei drafod yn yr ysgrif hon. Pa ddydd darllenais erthygl yn fy mhapur enwadol wythnosol yn sôn am bwysigrwydd maddau i Iesu, ac felly i ni ei ddilynwyr. Er nad yw'n erthygl hir na dwfn, fe'i cedwais, arwydd efallai bod agweddau o'r pwnc y mae eisiau eu gwyntyllu arnaf. Pwy sydd nad yw maddeuant rhyngom ag eraill yn bwnc dyrys o bryd i'w gilydd, os nad yn barhaus.

O safbwynt yr un y troseddwyd yn ei erbyn, yr un a ddylai faddau, y meddyliais i am faddeuant erioed. Ond yn ddiweddar sylwais ar y dywediad o eiddo Iesu sy'n edrych ar faddeuant o safbwynt y troseddwr, yr un y mae angen maddeuant arno. Cyn ceisio cyflawni gweithred addolgar medd Iesu, dylai dyn unioni unrhyw gam rhyngddo a'i frawd y mae ef yn gyfrifol amdano. 'Os bydd gan dy frawd ddim yn dy erbyn, gad dy rodd yno wrth yr allor, dos a chymoder di ag ef.' (Mathew 5, 34.)

Cwestiynau'n Codi

Cododd y safbwynt hwn gwestiynau newydd i mi. Beth os yw'r un y mae gan ei frawd rywbeth yn ei erbyn ddim yn sylweddoli hynny? Gall pobl fod yn sensitif mewn ffyrdd gwahanol; gall person fod yn sensitif mewn mater cymdeithasol, ond yn gibddall mewn mater personol, ac nid yw rhai, i bob golwg, yn sensitif o gwbl.

Beth wedyn am yr un y troseddwyd yn ei erbyn? Os nad yw'n amlwg fod ei frawd yn sylweddoli bod ganddo rywbeth yn ei erbyn, a ddylai geisio dangos hynny iddo? Gall ddweud hynny'n blaen wrth gwrs, ond os yw'r brawd yn gwadu hynny, yn gam neu'n gymwys, gall y cyntaf o leiaf deimlo'n rhwystredig, ac efallai deimlo ei fod yn ymddangos yn ffôl. (Ond y mae wedi mentro, gall menter fod yn rhan o berthynas gyfrifol, ac nid yw'n amhosibl ei fod wedi cyffroi cwestiwn neu atgof yng nghalon y 'troseddwr'.)

Yn hytrach na dweud dim yn glir gall person y troseddwyd yn ei erbyn newid ei ymddygiad, gall ymddwyn yn oeraidd tuag at y troseddwr, neu gadw draw oddi wrtho, ei anwybyddu hyd yn oed. Ond beth os na chydnebydd neu na wêl y 'troseddwr' hyd yn oed wedyn mai rhywbeth sydd gan ei frawd yn ei erbyn sy'n achosi hyn? Gall gredu bod gan ei frawd ryw broblem arall, neu ei fod efallai'n gwneud môr a mynydd o rywbeth nad yw'n haeddu fawr os dim sylw. Gall troseddwr hyd yn oed ddeall beth sy'n digwydd a theimlo dros yr un a anafwyd, ond heb deimlo fod dim cyfrifoldeb arno ef am a ddigwyddodd. Mae perygl wedyn i'r un y troseddwyd yn ei erbyn ac sy'n dangos ei deimladau, ddod allan ohoni'n edrych yn lletchwith. Sefyllfa felly oedd ymwneud Ted Heath â

Margaret Thatcher. Sut allai un o'i natur hi gredu, heb sôn am addef, ei bod hi wedi tramgwyddo gwerthoedd Heath? A sut allai un o natur Heath fyth arddel Mrs.Thatcher wedi iddi wneud hynny, heb sôn am dderbyn unrhyw swydd a gynigiai hi iddo? Ond yn y diwedd ymddangosai ef i lawer yn blentynaidd. Disgrifiodd newyddiadurwr ei ymddygiad fel '*the longest sulk in British politics*'. .

Posibiliadau Eraill

Gall yr hyn a alwyd yn *benign alienation* ddigwydd, megis dyn yn gorfod dewis rhwng dau ymgeisydd cydradd am swydd, nid yw'n ffafrio'r naill na'r llall o bosibl, ond nid felly y bydd yr un na chafodd y swydd yn gweld y mater efallai, yn arbennig os oes rhyw rith o gyfeillgarwch rhyngddynt.

Eto, fel yr awgrymais eisoes, gall dyn deimlo fod gan ei frawd rywbeth yn ei erbyn ond fod y mater mor fach fel nad yw'n haeddu proses mor urddasol â 'chymod'. Un a ysgrifennodd lyfr ar faddeuant oedd Lewis Smeades, Athro Moeseg yn Califfornia, a dywed ef mai mater i'w anghofio yw ambell drosedd, nid un i'w anrhydeddu â 'maddeuant'.

Troseddau Bach?

Ond rhaid bod yn ofalus o'r gair 'bach' ym myd troseddau. Mewn ambell ethos, prin y bydd unrhyw drosedd yn un arw. Nid yw'n debyg y byddaf fi'n lladrata oddi wrth gydweinidog, yn rhoi ei gartref ar dân, neu'n ymosod arno. Troseddau cymharol fach a gyflawnir fel arfer yn y gymdeithas y perthynaf fi iddi, a throseddau negyddol, sef peidio â gwneud rhywbeth, a throseddau'n ymwneud â pherthynas yn hytrach na gweithred wrthrychol, ac yn gwbl guddiedig efallai, neu'n gwbl ddibwys, i eraill y tu allan. A bydd gan y troseddwr ffrindiau efallai sy'n debyg iddo, yn cytuno ag ef, ac yn ei gefnogi.

Canlyniad Anwybyddu Trosedd

Ond gall fod canlyniadau i fethu â chydnabod fod gan frawd rywbeth yn ein herbyn, a gwneud rhywbeth yn ei gylch.. Un posibilrwydd yw y gall y person a wnaeth niwed ond heb wneud rhywbeth ynghylch hynny, gredu ei fod yn deall beth sydd o'i le - ond ni all fod yn sicr heb drafod hynny gyda'r llall. Felly gall peidio ag ymateb beri iddo gamddeall ei frawd, a'i gamfarnu efallai, a thrwy hynny fethu â dysgu gwersi y mae arno ef ei hun angen eu dysgu. A bydd ymgadw rhag codi'r mater â'i frawd yn dweud rhywbeth efallai ynghylch ei farn am ei frawd, am ei syniad o werth y berthynas fu rhyngddynt hyd hynny.hefyd, ac efallai ei allu ef i werthfawrogi perthynas.

Anhawster Cydnabod Trosedd

Ond hyd yn oed os yw troseddwr yn amau yn ei galon nad yw wedi ymddwyn cystal ag y dylai tuag at frawd, gall fod yn anodd addef hynny, hyd yn oed iddo ef ei hunan. Mae hynny'n arbennig o wir os yw a fynno â chreu sefyllfa barhaol na ellir ei dadwneud mwyach. Gall fod yn anodd ei gydnabod am resymau eraill hefyd. Yn fy ngweinidogaeth olaf bu rhaid i mi ddweud wrth gydweinidog dair gwaith nad oedd yn gwneud ei waith, a bu rhaid dweud wrtho yn y diwedd na allai barhau yn ei waith mwyach. Addefodd ei fai'n syth i mi, a derbyniodd y canlyniad, ond cyn pen pedair awr ar hugain newidiodd ei farn yn gyfangwbl - wedi siarad â'i wraig 'rwyn credu, teimlo gwasgfa i ddweud stori wahanol wrthi hi, ac yna gwasgfa i ddal at y stori honno, a dod i'w chredu ei hun hefyd gyda hyn.

Mae'r stori am y proffwyd Nathan yn ymweld â'r brenin Dafydd yn addysgiadol. Ymddengys na ddisgwyliai Nathan y gallai gael cyffes gan Dafydd drwy ddweud wrtho'n uniongyrchol am ei drosedd yn godinebu â Bathsheba, gwraig Urias, un o'i filwyr a oedd yn ymladd drosto ar y pryd. Felly aeth Nathan ati'n anuniongyrchol, drwy ddweud stori am ddyn a gyflawnodd drosedd nid cwbl wahanol, a gwahodd Dafydd i roi ei farn. Yn y dyddiau hynny y brenin oedd prif farnwr ei wlad, ac yr oedd yn arfer i rai fynd ato weithiau a rhoi cwestiwn damcaniaethol o'i flaen er mwyn clywed ei ddyfarniad arno. Y diwrnod hwnnw, condemniodd Dafydd y troseddwr yn stori Nathan, a thrwy hynny, yn ddiarwybod iddo, fe'i condemniodd ei hun. (2 Samuel 12, 7-15).

Weithiau byddaf yn meddwl mai dyna un o'n gwendidau y dyddiau hyn, bod gormod ohonom yn osgoi sialensau moesol personol a thrwy hynny'n methu â thyfu fel y dylem. Pan oeddwn i'n y coleg diwinyddol nid oedd braidd neb o'm cydymgeiswyr am y weinidogaeth nad oedd wedi gorfod wynebu'r cwestiwn o fynd i'r lluoedd arfog ai peidio. Yr oedd y penderfyniad hwnnw'n rhoi rhyw awch a dyfnder ar ymroddiad llawer o genhedlaeth gyfan o ddarpar-weinidogion. Nid yw'r genhedlaeth bresennol o weinidogion ac arweinwyr eglwysig wedi gorfod wynebu unrhyw broblem gymdeithasol anferth debyg. Nid oes bai arnynt hwy am hynny, ond dyna efallai pam fod wynebu ambell anghydfod mewn perthynas bersonol yn eithriadol o bwysig iddynt.

Maddeuant a Chydnabod Bai

Yn ôl yr erthygl y soniais amdani ar ddechrau'r ysgrif hon, nid yw'n bosibl cael maddeuant heb gyfaddef bai. Ond ar y groes maddeuodd Iesu i bobl nad oeddent yn cyfaddef bai, a gall brawd a anafwyd faddau i'r un a'i hanafodd pa un a yw'r troseddwr yn cyfaddef bai ai peidio: gall beidio â gwneud cam ag ef, na thrwy ddweud dim drwg amdano na gwneud dim niwed iddo. Yn wir, gall ddymuno'r gorau posibl iddo. Ond yn ôl yr erthygl ar fy nesg, nid yw'r proses cyfan wedi digwydd eto.

Maddau ac Adfer Perthynas

Yn yr erthygl honno dywed yr awdur fod maddeuant yn fwy na pheidio â dal dig, a dymuno'r gorau, ei fod hefyd yn golygu adfer y berthynas a dorrwyd. Ond a oes rhaid adfer perthynas bob tro wrth faddau, yn arbennig os nad yw hi'n berthynas agos fel priodas, lle mae galw am faddeuant fel ffordd gyson o fyw efallai os yw'r briodas am lwyddo? Fel y dywedodd gwraig ifanc wrthyf, mae gwahaniaeth rhwng maddeuant ac adfer perthynas: am faddau person arall wedi cyfnod o bellter oherwydd trosedd a gyflawnodd y llall y soniai hi, ac yr oedd y llall eisiau adfer perthynas nawr, ond mae bywyd wedi symud ymlaen meddai'r wraig ifanc, 'rwyf wedi hen faddau iddi, ond nid oes amser gen i nawr i ailadeiladu perthynas a chwalwyd. Dyna pam, os yw troseddwr am adfer perthynas yn ogystal â chael maddeuant, na all ohirio am oesoedd mynd at y person y mae ef wedi creu pellter rhyngddynt. Gall aros yn rhy hir olygu na ellid yn ymarferol efallai adfer y berthynas wreiddiol. A beth bynnag, meddai'r wraig ifanc, mae'n bosibl mai'r hyn a wnaeth y drosedd a oedd yn galw am faddeuant, oedd dangos nad oedd y berthynas mor ddwfn ag y credodd yr un a droseddodd. Os yw'r troseddwr yn teimlo bod ganddo ef neu ganddi hi hawl i gael adferiad perthynas pan fydd ef neu hi'n teimlo awydd am hynny, pan fydd yr amser i wneud hynny yn amser cyfleus ac addas iddo ef neu hi, yna beth bynnag am ddim arall, byddai hynny i mi'n awgrymu nad yw'r troseddwr eto mewn ystad i dderbyn cymod llawn, heb sôn am adfer perthynas.

Maddau Heb i'r Troseddwr Wybod

Gallwn faddau i bobl heb iddynt hwy wybod. Felly y maddeuodd Iesu ar y groes y bobl o'i gwmpas a'i croeshoeliodd. Ond os maddeuwn i rai a droseddodd yn ein herbyn, rhai y byddwn yn ymwneud â hwynt yn ein bywyd dyddiol, a yw'n bwysig eu bod yn gwybod ein bod wedi maddau iddynt? Gallant fod yn ddi-bris o hynny wrth gwrs, hyd yn oed yn ddirmygus ohono. Ar y llaw arall, gall fod gwerth i hynny. Gall fod yn dystiolaeth a all gyffwrdd â man dwfn ac anghenus yn enaid y troseddwr. Mae'r pellter rhwng y ddau eithaf yna yn galw am ymlwybro doeth ar ran yr un sy'n maddau.

Yr Eglwys a Maddeuant

Mae maddeuant yn un o themâu bywyd eglwys wrth gwrs. Un cwestiwn sydd wedi fy mhoeni i ers tro yw, pa mor llwyddiannus y mae'r eglwys wedi bod yn cyflwyno un o'i negeseuon pennaf, os nad y neges pennaf, sef nad oes dim ar y ddaear yma y gallwn ni ei wneud na all Duw ei faddau i ni. Cofiaf gael llythyr trist oddi wrth gydweinidog un tro. Yr oedd merch ifanc cysylltiedig â'i eglwys a oedd yn byw yn Llundain, ar fin priodi, un o'r merched hyfrytaf ar y ddaear yn ei farn ef. Ond bu'n cydfyw â'i dyweddi heb i'w rhieni wybod, a phan nesaodd y dydd mawr, a hithau'n mynd i ddod adref i briodi yng nghapel ei rhieni – ei hen gapel hithau - deallodd mor bwysig i'w rhieni oedd ei bod hi'n gwisgo ffrog wen, rhywbeth na allai hi ei wneud am ei rhesymau ei hunan. Yn y diwedd chwaraeodd y cyfan gymaint ar ei meddwl hi nes iddi gymryd ei bywyd.

Yr oeddwn yn byw ymhell o Gymru ar y pryd, ac yn syth gyrrais lythyron at fy nwy ferch a dweud wrthynt bod gennyf obeithion drostynt, dros eu cymeriadau yn ogystal â thros eu cyrraeddiadau, ond nad oedd dim, dim ar wyneb y ddaear y gallent hwy ei wneud na fynnwn i faddau iddynt amdano pe bai galw am hynny, ac os allwn i, feidrolyn gwan wneud hynny, siawns na allai Duw wneud hynny a mwy.

Nid dweud wyf fi bod maddeuant yn rhwydd, nid *cheap grace* mohono, rhaid brwydro drwy euogrwydd ac ediifeirwch mawr ynom ni ein hunain weithiau cyn dod o hyd i gyflawnder tangnefedd a chariad Duw, ond peth arall yw effeithiolrwydd yr eglwys wrth ei gyfleu. Ymddengys i mi bod ambell bregethwr sy'n sôn am bechod byth a hefyd, er fy mod efallai'n amau a yw'n gwybod llawer am realiti pechod, eto'n rhoi'r argraff ei fod yn gwybod llai am faddeuant.

Y blynyddoedd diwethaf hyn bu farw nifer o bersonau yr oeddwn i'n eu hadnabod neu'n gwybod yn dda amdanynt, ffrindiau i'm plant i, rai ohonynt, a phob un wedi cyrraedd oedran aeddfedrwydd, o gwmpas yr hanner cant, a mwy nag ychydig o lwyddiant gweledig yn eu bywydau. Eto daeth i bob un ohonynt gyfnod neu gyflwr a wnâi parhau i fyw, i anadlu a symud o gwmpas ac ymwneud ag eraill, yn annioddefol. Ni wn beth oedd natur eu blinder, ac ni holais, ond nid personau wedi cael eu magu y tu allan i fyd eglwys oeddent. Y cwestiwn i mi yw, os mai rhywbeth a wnaed ganddynt neu na wnaed ganddynt oedd yn eu poeni, a oedd yr eglwys wedi methu â chyflwyno neges maddeuant Duw iddynt? Neu os nad hynny, a oedd yr eglwys wedi methu â chyflwyno iddynt neges yr Efengyl am ryfeddod a gogoniant posibl bywyd?

Tybed a yw gosod amodau ar faddeuant Duw, ei gladdu mewn syniadaeth anhygoel o gyntefig, fel yr aberth ganddo o'i fab cyn y gall roi i ni Ei faddeuant, wedi tywyllu cyngor ynghylch maddeuant Duw'n ddirfawr. Wedi'r cyfan mae sôn am faddeuant Duw yn yr Hen Destament, ymhell cyn geni Iesu, ac fe'i cyflwynir yno fel natur Duw nad oes angen dim ychwanegol i'w gyflawni. Gorfododd yr Holocawst ddiwinyddion Cristnogol i wynebu'r ffaith fod Cristnogion ar hyd yr oesoedd nid yn unig wedi dirmygu Iddewon, ond hefyd wedi dirmygu eu ffydd, a bod hynny wedi eu dallu i binaclau'r Hen Destament, gan gynnwys yr hyn a ddywed am faddeuant Duw. Sonia'r Hen Destament 36 o weithiau am Dduw'n maddau, ac ar ben hynny mae ceisiadau iddo am faddau (neu am beidio â maddau), ac mae disgrifiadau ohono fel un y mae ganddo faddeuant i'w roi (Salm 130.4, Daniel 9.9, etc.) Y cyfan cyn i Iesu gael ei groeshoelio.

Fe'm maged i mewn eglwys, fel y dywedais, nad oedd hi'n ffwndamentalaidd mewn unrhyw ystyr ffurfiol, ond a oedd o dan ddylanwad hynafgwyr wedi eu magu yn sŵn diwygiad 1904, a gychwynnodd ond dwy filltir i ffwrdd. Beth bynnag arall y gellid ei ddweud am y fath fagwraeth eglwysig – ac yr wyf yn ddiolchgar am gymaint a ddysgais yno - eto gofynnaf i mi fy hun weithiau a oedd maddeuant wedi ei gysylltu'n ormodol â'r hyn yr oedd i'n hachub rhagddo, a rhy ychydig â'r hyn yr oedd i'n hachub ar ei gyfer, megis rhyddid i allu gwerthfawrogi her a rhyfeddod a gogoniant bywyd.

Cwestiynau

1. A yw'n heglwysi'n gwybod mwy am fethiant a thristwch nag am her a llawnder hyd yn oed fywyd briwedig?

2. A oes rhaid i faddeuant gynnwys adfer perthynas?

5. Ffydd ac Arian

Mae'r tlodi mewn rhai rhannau o'r byd yn dorcalonnus. Mae mesur o dlodi yn ein gwlad ninnau heddiw wrth gwrs, banciau bwyd yn or-brysur, a phobl ifainc yn byw gartref am na allant fforddio lle eu hunain, ac yn y blaen.

Ond wedi gwella y mae byd llawer ohonom. Anodd credu heddiw mor dlawd oedd fy nechreuadau i. Dim tap dŵr yn y tŷ, na nwy na thrydan. Cyflogau digon gwael gefais i yn yr eglwysi a wasanaethais yng Nghymru. Fy nghyflog gyntaf oedd wyth punt yr wythnos! Dim bai ar neb. Fel yna yr oedd pethau bryd hynny. Ond erbyn heddiw mae fy myd i o leiaf yn gysurus, nid oes angen dim arnaf. Felly y mae ar bawb o'm cydnabod i hyd y gwelaf fi. Os yw incwm personol yn isel i rai, mae wedi codi i eraill.

Cefndir i hyn oll yw bod byd arian ei hunan wedi codi, wedi ei ddyrchafu mewn symiau a drafodir ac mewn pwysigrwydd yn ein cymdeithas. Lle byddai pobl gyffredin yn gymharol ddiweddar mewn hanes yn ymwneud â'i gilydd drwy gyfnewid nwyddau a gwasanaethau, heddiw arian sydd yn cyfryngu mwy a mwy o'r busnes a gyflawnwn ag eraill. Cyn hir ni fyddwn yn defnyddio arian o gwbl efallai, ond cardiau banc yn unig, ac mae sôn bod hyd yn oed y rheiny ar fin mynd yn hen ffasiwn.

Mae Niall Ferguson, o Goleg Iesu yn Rhydychen, wedi ysgrifennu llyfr yn croniclo tyfiant arian mewn pwysigrwydd, *'The Ascent of Money'* *(2008)*.. Saliwt i *'The Ascent of Man'* Bronowsky yw'r teitl, a'i is-deitl yw, *'A Financial History of the World'*. (Gwnaed y llyfr yn sail cyfres deledu lwyddiannus iawn.) Os yw ymadroddion fel *'hedge funds'* a *'futures'* a *'quantitative easing'* yn dywyll i chi, wele oleuni!

Dengys Ferguson bod gwraidd rhai digwyddiadau o bwys yn hanes y byd modern mewn problemau ariannol. Dyna ddechrau'r Chwyldro Ffrengig, meddai. Dengys hefyd, er y bai y gallwn ni yn y Gorllewin ei roi ar ein banciau am gynifer o'n problemau cyfoes, mai prinder banciau yw problem gwledydd tlawd. Heb fanc, ni ellir benthyca ar delerau fwy neu lai teg, ac yna aiff y werin i afael *'loan sharks'*.

Anghyfrifoldeb Banciau

Er hynny, mae nifer penaethiaid banciau mawr yn y Gorllewin a fu'n hollol anghyfrifol yn anodd credu. Y newydd diweddaraf (wrth i mi ddechrau'r ysgrif hon) yw fod Bernard Madoff, ariannwr o Wall Street, Efrog Newydd, wedi twyllo banciau - gan gynnwys *HBOS*, a *Royal Bank of Scotland* - o swm o £14 biliwn – a hynny er i arwyddion o gamymddwyn fod yn glir! Penaethiaid banciau mawr wedi eu twyllo gan *'scam'* elfennol.

Mae'r canlyniadau'n ddifaol. Diweithdra, colli cartrefi a phensiynau, colli rhoddion at achosion da. Ond gofalodd rhai bancwyr am eu buddiannau personol mewn ffigurau sy'n troi stumog dyn! Ym marn Robert Peston, gohebydd ariannol y BBC, yr achos yw – trachwant.

Ffydd ac Arian

Un diwrnod dechreuais gyfrif y troeon y sonnir am aur ac arian a phres yn y Beibl. Oherwydd nifer y cyfeiriadau rhoddais y gorau iddi. Eto, er hynny, ac er bod y sefyllfa ariannol gyfoes yn ein gwlad yn effeithio ar bob aelod eglwysig rywsut, sawl pregeth tybed y blynyddoedd diwethaf hyn a anelodd at ddweud gair am hyn oll? Ond wrth i mi ysgrifennu'r geiriau yna dyma erthygl yn y *Sunday Times* yn sôn am ddadl a gyflwynwyd gan Eglwys Loegr i gomisiwn seneddol ar safonau mewn bancio. Mewn asesiad llym cwyd Eglwys Loegr y cwestiwn, yn hytrach na delio ag ambell afal pwdr ym myd bancio, ai eisiau ailblannu'r winllan i gyd sydd. Hynny yw, mae digon o ddynion â gwerthoedd da yn eu bywydau personol ym myd bancio, ond nid yw diwylliant eu man gwaith yn hybu gwerthoedd fel rhoi beth sy'n iawn o flaen elw rhwydd.

Perygl Cyfoeth

Dyma frawddeg o erthygl gan seiciatrydd yn trafod bywyd dyn cyfoethog enwog y trôdd ei fywyd yn fethiant. 'Mae cyfoeth a phŵer yn cynnig ffordd rwydd i osgoi gwaith seicolegol anodd'. Y 'gwaith seicolegol anodd' mewn golwg gan y seiciatrydd oedd yr adnabyddiaeth o'r hunan sy'n codi o glywed a derbyn beirniadaeth eraill arnom ni. Nid oes angen i bersonau a gyrhaeddodd y brig yn eu gwaith i wrando ar neb, na gofyn cyngor neb. Yn wir gall ethos eu lle gwaith beri iddynt ymddangos yn wan os gwnânt hynny. Nid oes arnynt hyd yn oed angen cael eu hoffi gan eraill!

Yr hyn a ddywedodd Vincent Nichols, pennaeth Eglwys Babyddol Lloegr a Chymru, wrth annerch dynion busnes yn ddiweddar, oedd fod gormod o bobl ym myd busnes yn byw bywyd rhanedig, gan anwybyddu yn eu gwaith y gwerthoedd a ddefnyddiant gyda'u teuluoedd. Mae byd busnes mewn perygl, meddai, o golli ei ymwybyddiaeth o les cymdeithas, gan greu byd masnachol heb foesoldeb. Mae Nichols yn galw am drafod hyn. (Mae Justin Selby, Archesgob Caergaint, sydd â chefndir ym myd busnes, ar gorff sy'n archwilio byd bancio.)

Yr Eglwys ac Arian

Clywais wraig ifanc echdoe'n gofyn, a yw temtasiynau ariannol y byd modern mor niferus a mawr fel eu bod y tu hwnt i allu digon o bobl i'w gwrthsefyll - ac mae angen nifer go dda o bobl mewn unrhyw faes i greu tuedd sefydlog. O ble mae digon o ddynion o'r raddfa foesol yna i ddod? Ni wn i am yr un corff secwlar sy'n ystyried mai ei dasg yw cynhyrchu personau na fydd trachwant ariannol yn debyg o'u meddiannu. Efallai mai dyna ran o waith eglwysi y dyddiau hyn, dod o hyd i ffyrdd i helpu rhai sy'n ennill eu bara yn y sector hwn i wynebu temtasiynau sy'n codi ynddo.

Mae digon o eglwysi yma a thraw yng Nghymru, yn gyrff cenedlaethol ac yn gyfundebau a sasiynau a chynghorau eglwysig, sy'n edrych byth a hefyd am agenda i'w cyfarfodydd. Oni allai rhai ohonynt wahodd bancwyr a gweithiwyr ariannol ac economyddion cenedlaethol neu ranbarthol neu leol i drafod ethos eu gwaith ar goedd – mewn panelau efallai? Mae'n bosibl y byddai'n dda gan rai ohonynt gael cyfle i wneud hynny, a gallai hynny felly fod yn gymwynas fugeiliol â nhw. Byddai'n dda i eraill ohonom hefyd glywed ar y naill law am eu problemau, ac ar y llaw arall am yr hyn a ystyriant hwy'n llwyddiant ac yn foddhad yn eu gwaith. Nid yw'n bosibl dweud pa mor bell-gyrhaeddol y gallai cychwyn fel yna fod.

Aelodau Eglwysi a Rhoi Ariannol

Ond a yw'n deg i aelodau eglwysi siarad am arian a gwerthoedd ym mywydau bancwyr ac ati, heb ystyried perthynas ariannol aelodau eglwysi â'u heglwysi eu hunain ac â'u cymdeithas. Y gwir yw fod llawer o eglwysi'n tueddu edrych lawr ar fyd arian. Cofiaf lythyr mewn cylchgrawn crefyddol oddi wrth ddyn busnes yn dweud iddo fynd i'r cwrdd ar hyd ei oes, a chlywed sôn mewn gweddïau a phregethau am ffermwyr, athrawon, meddygon, gwleidyddion, aelodau undebau hyd yn oed. Ond ni chlywodd erioed sôn am rai a gyflawnai ei waith dyddiol ef, er na allai cymdeithas gyfoes fyw heb ei waith ef a'i debyg. Pe bai dynion sy'n ennill eu bara ym myd arian yn gwbl absennol o'n hegwysi ni, efallai mai'r rheswm fyddai nad oes dim lle iddynt ym meddylfryd yr Eglwys, nid oes ganddi hi ddim i'w ddweud wrth ran bwysig iawn o'u bywyd.

Mae rhywfaint o embaras ynghylch trafod arian mewn eglwysi hefyd. Bu hynny'n arbennig o wir yn achos gweinidogion gan mai eu cyflog hwy fel arfer yw'r eitem fwyaf o ddigon ar adroddiad ariannol eu heglwys. Prin fod hynny'n wir pan godid capel anghydffurfiol bob naw diwrnod yng Nghymru. Byddai eglwysi'n mynd i ddyled bryd hynny, wrth gwrs. Roedd yn ddihareb bron pan oeddwn i'n grwt fod rhywbeth o'i le ar eglwys nad oedd mewn dyled.

Mae rhai eglwysi y dyddiau hyn yn ei chael yn anodd yn ariannol. Heb fawr o arian heibio nac o aelodau a all gyfrannu'n hael, maent wedi etifeddu adeiladau drud i'w goleuo a'u cynhesu, a'u cadw'n lân a diddos. Ond mae eglwysi eraill yn dda eu byd, wedi uno ag eglwysi eraill, ac wedi dal at eu mans efallai, a gwerth hwnnw bellach ar gael ar gyfer y dydd blin!

Heddiw, mae byd llawer o aelodaeth ein heglwysi'n dda, (yn ôl yr ystadegau, hyd yn oed llawer o bensiynwyr), ac eto, dengys adroddiadau ariannol eglwysi mai anaml iawn y mae'r ffigwr uchaf arnynt am roddion yr aelodau yn uchel iawn. Nid oes neb wrth gwrs eisiau bod ymhell ar y blaen i bawb arall ar yr adroddiad, gallai hynny ymddangos yn rhodresgar, ond mae digon hefyd sydd i bob golwg yn hapus i roi'n flynyddol beth y byddent yn ei dalu am un pryd wythnosol o fwyd i deulu (bach) mewn lle bwyta canolig! Cofiaf ddarllen rhywle slawer dydd bod cyfraniad rhai'n fuddsoddiad, rhwng gostyngiad i blant aelodau am briodas yn y capel a bedd rhad yn y fynwent!

Mae'n anodd dweud wrth gwrs beth sy'n peri i aelod roi swm arbennig. Mae nifer o amcanion yn bosibl, ailadrodd rhodd y llynedd, edrych ar roddion aelodau eraill ac asesu faint sy'n addas iddynt hwy ei roi, ac yn y blaen.

Efallai fod twf mewn cyfoeth personol, a'r ffaith fod buddsoddi arian yn haws nag y bu, yn creu diddordeb newydd yn yr hyn y gellid ei wneud ag arian personol Ond y rheswm cryfaf dros beidio â rhoi llawer i'r achos mae'n debyg yw nad yw'r eglwys fel arfer yn ymddangos mewn gwir angen, mae'r hyn a ddaw i mewn eisoes yn hen ddigon.

Fel arfer wrth gwrs nid yw eglwys yn dweud beth yn union yw'r angen; nac yn awgrymu faint o'i incwm y gallai person ystyried ei roi. Ymateb i anghenion na ellid eu hosgoi yw prif gynnwys cyllid eglwys, bil trydan, llechen newydd.- a llai y dyddiau hyn o weinidogion i gyfrannu at eu cyflog. A sawl eglwys sydd wedi trafod pa ganran o'i chyllid ddylai fynd at achosion da lleol, ac achosion da byd-eang?

Dysgu Oddi Wrth Eglwysi America

Prin y byddai neb sydd â phrofiad o eglwysi Americanaidd yn amau nad oes ganddynt lawer i'n dysgu ni am roi'n gyffredinol i'r achos. Yn yr eglwys a wasanaethais i yno, nid oedd adroddiad ariannol o gyfraniad pob aelod yn cael ei gyhoeddi ganddi i ddechrau, peth da iawn, iawn yn fy marn i. Rhoddai hynny gyfle i'r aelodau a fynnai, roi mwy nag y wnaent efallai pe bai adroddiad, i wneud hynny heb dynnu sylw atynt eu hunain felly ac heb y cymhlethdod o roi arian ychwanegol yn ddirgel..

Yr oedd pwyllgor gan Fwrdd y Diaconiaid i benderfynu bob blwyddyn i ba achosion y cyfrannai'r eglwys. (Galwent un rhan o hynny'n arian-had, sef arian i gefnogi prosiectau da a oedd yn cychwyn yn y gymdogaeth, arian am gyfnod yn unig fel arfer, oherwydd os oedd y prosiect yn deilwng ac yn llwyddo byddai awdurdod lleol yn ei fabwysiadu gyda hyn, a gellid symud ymlaen i gefnogi achos arall da a oedd yn cychwyn. Un achos felly mi gofiaf oedd cartref i wragedd i fynd iddo am ddiogelwch.os caent eu camdrin gan eu gwŷr.)

Hysbyswyd yr aelodau hefyd pa ganran y byddai angen i bawb godi eu cyfraniad ers y llynedd i gwrdd â'r cyllid am y flwyddyn i ddod. Câi pob aelod wedyn gerdyn drwy'r post â lle arni i nodi maint eu rhodd am y flwyddyn nesaf, a chais i ddod â'r cerdyn ar Sul arbennig ddiwedd mis Tachwedd, fel y gallai pawb a oedd yn fodlon gwneud hynny lanw eu cardiau yr un pryd mewn oedfa arbennig. (Fy ngwraig lanwodd ein cerdyn ni un flwyddyn, a drannoeth daeth galwad ffôn o swyddfa'r eglwys yn gofyn a oedd hi wedi rhoi'r pwynt degol yn y lle cywir!) Nid oedd grym cyfraith i'r addewidion, weithiau cawn alwad ffôn oddi wrth aelod yn dweud na allai, oherwydd colli gwaith efallai, gadw'i addewid y flwyddyn honno – ond ceisiai wneud iawn am hynny y flwyddyn nesaf - ac hyd y gwelwn i fe wnaent.

Canllawiau Rhoi

Ond yr oedd bywyd Plymouth wedi ei strwythuro ar gyfer symud ymlaen yn barhaus hefyd - ac yr oedd pris ar symud ymlaen! Bob haf etholwyd tri i lunio cyllid y flwyddyn nesaf. Roedd rhai ffigurau'n barod, cyflogau'r staff, costau nwy a thrydan ac ati, ond yna gofynnid i bob un o'r wyth Bwrdd a arweiniai fywyd yr eglwys, i roi pris ar eu cynlluniau newydd am y flwyddyn i ddod. Allan o hyn oll lluniwyd cyllid, aed â hwnnw o gwmpas yr aelodau, drwy gyfarfodydd mewn cartrefi ar noson waith, neu yn y capel wedi'r cwrdd bore Sul, a phawb yn cael cyfle i wneud sylw ar y cyllid. Nid pawb a âi i gyfarfod felly, ond deuai nifer go dda, a deuent ag awgrymiadau, fel rhoi mwy i waith ieuenctid, neu godi ein cyfraniad i achosion da, ac yna deuid at gyllid terfynol i'w dderbyn gan gwrdd eglwys.

Yr oedd canllaw bras yn cael ei awgrymu ar gyfer rhoi, sef tri y cant o incwm aelod. Soniai eglwysi efengylaidd-ceidwadol o'n cwmpas am ddegwm, deg y cant, ffigwr Beiblaidd (gw. Amos 4,4), ond yn ôl un astudiaeth, tueddai Cristnogion efengylaidd-ceidwadol gyfeirio trwch eu rhoddion at eu heglwys, tra byddai aelodau o eglwysi eraill yn cyfrannu'n hael hefyd at sefydliadau eu cymdeithas, ysbytai a cholegau a cherddorfa ac ati. Nid eu heglwys yw'r unig achos da y mae aelodau ein heglwysi yng Nghymru yn rhoi iddo wrth gwrs.

Rhoi a Llawenydd

Roedd yn arfer hefyd gan rai o gapeli America i gael ymgyrch ariannol, tua bob deng mlynedd dyweder, a fyddai'n her gwirioneddol i'r eglwys – ac a fyddai'n ychwanegol at roddion blynyddol arferol. Byddai mwy nag un amcan i'r ymgyrch, gwneud y capel yn hygyrch i bobl anabl efallai, gwella'r organ o bosibl hefyd, a materion tebyg.

Gwnaed ymgyrch felly yn eglwys Plymouth yn union wedi i mi gyrraedd. Un diwrnod daeth dau o'r ymddiriedolwyr ataf a dweud yn fonheddig yr hoffent cyn mynd â'r ymgyrch at aelodaeth yr eglwys, allu dweud bod gweithwyr cyflogedig yr eglwys eisoes wedi addo cyfraniad.

Gofynnwyd i mi felly a fyddwn i'n fodlon cyfrannu, ac os oeddwn, a oeddwn wedi penderfynu faint y mynnwn ei roi. Yr oeddwn wedi meddwl am swm, ond wrth wynebu'r ddau frawd ymddangosai yn un tila, ac wedi deall fod modd talu dros bedair blynedd, addewais ddeng waith gymaint â'r swm yr oeddwn wedi penderfynu'n wreiddiol! Ys dywedodd Bill Coffin, gweinidog eglwys Riverside yn Efrog Newydd, wedi iddo ef roi swm mawr i gronfa yn ei eglwys ef, *'God loves a cheerful giver. I didn't feel cheerful when I promised such a large sum, but I expect cheer to come upon me'.* Ni olygodd fy rhodd fy mod wedi colli yr un pryd o fwyd, ac ni bu raid i mi fynd allan heb got ar fy nghefn, ond hyd yn oed nawr, mwy na deugain mlynedd yn ddiweddarach, a dwy ymgyrch arall wedyn, mae *'cheer'* y 'newid meddwl' gwreiddiol yn aros! (gair Groeg yn y Testament Newydd, sy'n golygu 'newid meddwl', yw *metanoia*, a ddefnyddir am 'droedigaeth').

O'r holl fendithion personol a ddaeth i'm rhan drwy eglwys Plymouth, dod i ddealltwriaeth gwell o'r berthynas rhwng fy ffydd ac unrhyw dda sydd gennyf, oedd y mwyaf efallai. Hoffwn fedru rhannu'r profiad rhyddhaol hwnnw â chyd-Gristnogion Cymraeg na chafodd y wasgfa iachusol a brofais i. Oni fyddai'n braf pe bai pob eglwys yn dod o hyd i ffyrdd o rannu'r fath brofiad ymysg ei haelodau? Onid yw methu ag arwain ein haelodau i wynebu arian fel her i'w ffydd personol yn eu hamddifadu o gyfle i dyfu mewn gras a llawenydd parhaol?

Yn ein dyddiau ni, dyddiau'r cynulliadau bychain a'r adeiladau mawr a hen, mae'n dda cael help cymdeithasau fel Cadw ambell waith, i dalu am drwsio a chyweirio, ond pan ddigwydd hynny, oni fyddai'n iach i eglwys ymateb yn aberthol rywsut, pe na bai ond ymrwymo i gasglu swm sy'n her sylweddol at ryw achos da? Gwn am eglwys Gymraeg a gododd swmyn sylweddol o arian ei hunan i wella ei hadeilad dro'n ôl, a gadawodd yr ymdrech ei effaith, medd un o swyddogion yr eglwys wrthyf, mewn llawenydd parhaol am eu cyd-ddyheu, a balchder iach am eu llwyddiant.

Ffydd a Haelioni

Yn ôl deall eglwysi Americanaidd, mae cyswllt rhwng haelioni ariannol yr aelodau a ffydd yr eglwys. Yn Plymouth, Minneapolis, wedi pob ymgyrch arbennig, byddai maint y rhoddion blynyddol arferol yn cynyddu, a'r gymdeithas yn cryfhau. A'r tu cefn i'r holl broses yr oedd yr argyhoeddiad bugeiliol, po fwyaf y cyfrannai aelod i'r eglwys, mwyaf ei ddiddordeb ynddi a'i ymroddiad iddi a'i chenhadaeth, a chryfach cymdeithas yr eglwys, a'i thystiolaeth cymdeithasol. Mae'r oll yn gysylltiedig!

Cwestiynau

1. A yw'n capeli ni'n rhy ysbrydol?

2. A yw'n iawn rhoi arweiniad ynghylch cyfrannu i gapel?

3. A ydych chi'n meddwl y byddai'n iach hepgor adroddiad ariannol mewn eglwys?

6. Y Weinidogaeth

Aeth llu o weinidogion o Gymru i weinidogaethu mewn eglwysi Cymraeg yn yr Unol Daleithiau ar un adeg. Roedd yna gred ar y pryd y byddai cyfnod yn America'n galluogi gweinidog i gael galwad well wedi dychwelyd. Aeth hyd yn oed Niclas y Glais yno am flwyddyn! Beth oedd ganddo fe mewn golwg tybed?

Yn groes i'r graen, i eglwys Seisnig ei hiaith yr euthum i, yr unig Gymro Cymraeg hyd y gwn i i fynd i'r Unol Daleithiau yn bengweinidog i eglwys gwbl Americanaidd. Cyn i mi ymfudo gweinidogaethais yng Nghymru am chwarter canrif, ond mewn amser byr yn eglwys Plymouth, dysgais wersi newydd am y weinidogaeth, a rhannu pedair o'r rheiny a fynnaf yma nawr.

Y Wers Gyntaf

Eisteddwn yn fy swyddfa yn y capel dri mis wedi cyrraedd, yng nghwmni cadeirydd y diaconiaid. Gofynnodd ef i mi, 'Beth wyt ti'n bwriadu ei wneud y flwyddyn sy'n dod, Vivian?' 'Beth sydd arnat ti?' meddyliais, 'Byddaf yn gwneud yr hyn y bydd unrhyw weinidog yn ei wneud bob amser ymhobman - pregethu, rhannu'r bara, bedyddio, ymweld, priodi, claddu.' Ond gwelwn ei fod ef yn siarad am rywbeth gwahanol, dywedais wrtho fod diwrnod llawn o'm blaen, ac awgrymais ein bod yn gohirio ein sgwrs.

Cyn i ni gwrdd eto, yr oeddwn wedi siarad â gweinidog arall, a deall fod Bill wedi cymryd yn ganiataol y tasgau oesol, 'offeiriadol' gan mwyaf, yr oeddwn i wedi meddwl amdanynt. Gofyn a wnaethai ef beth a wnawn o'm safle unigryw ym mywyd yr eglwys i symud y bywyd hwnnw ymlaen, beth a wnawn mewn ymateb i'r hyn a ystyriwn yn wendidau ym mywyd yr eglwys ar y pryd, ac i bosibiliadau a welwn ar y gorwel. Roedd ef wedi disgwyl atebion fel, 'Hoffwn wybod a yw'r henoed yn cael digon o ofal', neu 'Rwyn credu y dylem roi mwy o sylw i broblemau ein cymdogaeth'.

Sôn yr oedd ef am ddealltwriaeth o weinidogaeth na chlywswn amdani yn y coleg diwinyddol yng Nghymru, ac na welswn ei gwir werth er cael meistr yn y wedd yna ar weinidogaeth, Erastus Jones, yn gymydog am gyfnod. Cyflawni tasgau na allwn osgoi eu gwneud fu hanfod fy ngweinidogaeth yng Nghymru, a bu'r patrwm hwnnw ynof yn ddigon cryf i'm cadw rhag newid.

Gwelais y byddai rhaid i mi nawr ehangu fy neall o'm gwaith, symud i gyfeiriadau nad oeddwn wedi ymboeni yn eu cylch hyd hynny, ceisio adnabod anian yr union eglwys hon y deuthum i'w gwasanaethu, ymdeimlo â'i hanfod hi yng ngoleuni ei hamgylchfyd, ceisio rhagweld effaith tueddiadau'r dyfodol arni, a gweithredu ar sail yr hyn a ddysgwn am ei diffygion a'i chryfderau a'i phosibiliadau. I ymateb i'm galwad newydd yn effeithiol byddai rhaid rhoi mwy o le i'r rhain yn fy ymwybod nag a roddais yn un o'r tair eglwys a wasanaethais yn gynt, a byddai lles fy ngofalaeth newydd, i raddau helaeth yn dibynnu ar fy ymroddiad a'm medr i yn y gwaith 'proffwydol' hwnnw.

Nid y fi oedd unig ffynhonell gwelliannau yn yr eglwys. Yr oedd tri gweinidog arall, bob un yn gyfrifol am wedd o fywyd yr eglwys, ac er eu bod i gyd yn atebol i mi, yr oedd ganddynt ryddid ac adnoddau i fod yn greadigol.yn eu maes. Yr oedd hefyd wyth Bwrdd yn cyfarfod bob mis, Bwrdd y Celfyddydau Cain, Bwrdd Diaconiaid, Bwrdd Plant a Theuluoedd, Bwrdd Cenhadaeth i'r Gymdogaeth ac yn y blaen, a gan bob Bwrdd yr oedd sawl pwyllgor, ac am dair blynedd y gwasanaethai aelodau'r Byrddau hyn – dim cyfle i fynd i rigolau!

Ystyrid tymor diacon, er enghraifft, yn amser prysur iawn, ac o'r herwydd ni fyddai'r rhai a etholwyd yn hen. Cofiaf ofyn i aelod a oedd yn gyfreithiwr, a garai i'w enw gael ei gynnig am waith diacon, ac atebodd y carai – ond nid eleni meddai, 'mae gen i achos pwysig i'w lywio eleni a bydd fy amser yn brin, ond carwn roi tair blynedd o'm bywyd i wasanaethu'r eglwys rywbryd.'

Bob blwyddyn etholai pob Bwrdd gadeirydd newydd ac ystyrid y flwyddyn honno'n gyfle i hwnnw neu honno i roi ei farc neu ei marc ar fywyd yr eglwys. Byddai cwrdd eglwys arbennig bob blwyddyn hefyd, yn derbyn adroddiadau gan y gweinidogion a'r Byrddau, a'r aelodau'n cael cyfle i holi ac ymateb. Rhwng popeth yr oedd symud bywyd yr eglwys ymlaen yn rhan o'i strwythur. Ond fi oedd yn arolygu holl fywyd yr eglwys o ddydd i ddydd.

Gyda hyn trefnais gwrdd bob diwedd blwyddyn â thri o brif swyddogion yr eglwys, i arolygu fy rhan i o'r gwaith o symud yr eglwys ymlaen. Roedd elfen fygythiol yn y cyfarfodydd hyn i mi ar y dechrau, ond gyda hyn edrychwn ymlaen atynt fel cyfrwng bendithiol i wella fy nghyfraniad i. (Syndod i mi erioed yw ein bod yn ein heglwysi Cymraeg yn honni bod y weinidogaeth mor bwysig ac eto ni wnaed yr un ymdrech sylweddol hyd y gwn i i lunio canllawiau i bwyso a mesur ei heffeithiolrwydd.) Ceisiai'r tri weld, efallai, pa wedd o'm gwaith a hoffwn leiaf, a chynnig fy mod yn rhoi'r gwaith hwnnw i weinidog arall, neu'n mynd ar gwrs a allai fy ngwneud yn fwy hyderus ac felly'n fwy medrus yn y gwaith hwnnw. Cofiaf wraig yn y cwmni yn nodi na fyddwn fyth yn sôn mewn pregeth am lyfr gan fenyw. Digon gwir. Sut weinidog fyddwn i pe bai hanner y gynulleidfa'n groenddu a minnau'n cyfeirio ond at lyfrau gan wynion? O hynny ymlaen darllenwn lyfrau gan fenywod! Rhan bwysig o'r cyfarfod hwn oedd fy mod i'n rhoi tri nod yr anelwn atynt y flwyddyn i ddod, ond cyn hynny byddem wedi asesu sut lwyddiant a gefais â'r tri nod a roeswn flwyddyn yn gynt.

Deuthum i ystyried y wasgfa i symud yr eglwys ymlaen fel fy mhrif orchwyl, a gofalon fel bedyddio, priodi, claddu, rhannu'r bara a bugeilio yn faterion nad oedd eisiau poeni yn eu cylch, yn yr ystyr nad oedd perygl i mi beidio â'u gwneud nac i anghofio sut i'w gwneud, a 'doedd fawr o le i wella yn eu gwneud. Mwy a mwy gwelwn fy ngweinidogaeth yng ngoleuni cymal gan yr Apostol Paul. Wedi rhestru'r pethau y mae wedi eu dioddef dros yr efengyl, yn 2 Cor 11, 28, mae'n gorffen - fel uchafbwynt? – â'r dywediad, 'ar wahân i bob peth arall, y mae'r gofal dros yr holl eglwysi yn gwasgu arnaf ddydd ar ôl dydd'. Y gofal dyddiol!

Yr Ail Wers

Mewn eglwys o dros ddwy fil o aelodau a'i hadeiladau'n debyg i ysgol uwchradd a rhyw bedwar ar hugain yn gweithio llawn neu ran amser ynddi, yr oedd mwy na digon o dasgau i bengweinidog i'w cyflawni. Ond un diwrnod galwodd brawd arall heibio a'm gweld yn gwneud beth a wnawn yn aml – a'i fwynhau - yng Nghymru, teipio llythyr. Gwenodd a gofyn 'Pam wyt ti'n teipio llythyr?' 'Sut ddaw i ben heb i mi ei deipio?' atebais yn heriol, 'Wyt ti'n fodlon ei deipio?' Amneidiodd at ddrws a arweiniai o'm swyddfa, a dywedodd, 'mae ysgrifenyddes yr ochr arall i'r drws yna, dy ysgrifenyddes di yw hi, ac fe all hi deipio'n well na'r un ohonom'.

Yr oedd wedi rhoi ei fys ar broblem y cymerodd amser i mi ddod drosti'n iawn, sef gofyn i rywun arall wneud rhywbeth i mi, hyd yn oed, yn yr achos hwn, un wedi ei chyflogi i wneud yr union beth hwnnw! Gwn i'r broblem fod yn rhwystr i'm gweinidogaeth yn gynt, a gwelaf y broblem yn effeithio ar weinidogaeth gweinidogion eraill yng Nghymru heddiw. Aeth y brawd ymlaen: 'A gaf fi roi dau awgrym i ti, yn gyntaf, gwna beth elli di ei wneud yn well na neb arall yma, ac yn ail, gwna dim ond beth na chaiff ei wneud os na wnei di ef'. Nid canllawiau ar gyfer pob sefyllfa, ond rhai gwerthfawr i mi y foment honno, a chyfarwyddyd da mae'n rhaid i ddarpar weinidogion..

Tasg y gellid cymhwyso'r canllawiau yna iddi oedd pregethu. Roedd oedfa gynnar fore Sul mewn capel bychan, gofalai'r gweinidogion eraill am honno, ond pregethent hwy yn y capel mawr dim ond tair gwaith y flwyddyn, gan mai fi oedd yr hyn a elwid yno weithiau'n *'preaching minister'*. Yr oedd pregethu yn Saesneg yn newydd, ambell air na chlywswn ei ynganu gan neb erioed yn dod ar fy nhraws yn sydyn weithiau. Un mi gofiaf oedd *'timbre'*, a rhaid oedd gwylio dywediadau gweddus ym Mhrydain a oedd yn anweddus yn America.

Yr oedd nifer o athrawon colegau yn y brif oedfa, gan gynnwys rhai o golegau diwinyddol – a hoffai grwydro eglwysi mawr canol y ddinas. Beth bynnag y pregethwn amdano felly rhaid oedd ymchwilio'n fanwl ymlaenllaw. Soniais un bore am rywbeth a ddigwyddodd yn 1907, a gofyn, mewn pwl annodweddiadol o rethreg, beth tybed oedd yr adwaith i hynny ar y pryd ym mhrifddinasoedd y byd, yn Llundain, Paris, Berlin, Canberra, Washington, Moscow ac ati. Wedi'r oedfa wele Wil Craig, Athro Daearyddiaeth y Brifysgol gerllaw, yn dod ataf â gwên ddireidus, a dweud, 'Vivian, nid yw o bwys o'i gymharu â'th neges, ond rhag i ti bregethu'r bregeth yna yn rhywle arall, efallai y caret wybod na wnaed Canberra'n brifddinas tan 1913'. Gall hynny ddigwydd yng Nghymru!

Rhwng aelodau'n marw a rhai'n symud i ffwrdd, i gadw nifer ein haelodaeth yn wastad, heb sôn am gynnydd, rhaid oedd derbyn tua chant o aelodau newydd bob blwyddyn. Deuai pobl i mewn i'r ddinas i fyw'n gyson, a phob Sul tebyg y byddai rhyw ddieithriaid yn y gynulleidfa'n chwilio am 'gartref eglwysig', felly yr oedd y bregeth yn erfyn cenhadol yn ogystal â modd i adeiladu'r eglwys. Yr oedd hi'n adeg o newid mawr yn y gymdeithas allanol hefyd – adeg twf ffeministiaeth, a iaith gynhwysol, ac o drafod hoywder. Gofynnodd cadeirydd y diaconiaid i mi un tro ar ran y diaconiaid am bregethu ar hoywder, gan ychwanegu'n ystyriol na fynnent i mi wneud hynny os byddai hynny'n anghysur i mi. Nid cais a gefais erioed yng Nghymru.

Cymhlethdod arall oedd fod rhai aelodau'n brïod ag Iddewon ac weithiau deuai'r rheiny i'r cwrdd. A sut ddylai dyn o wlad arall – gwlad fach - bregethu ar Sul gwladgarol yn yr Unol Daleithiau bŵerus? Dysgais mai rhai o heddychwyr mawr yr Unol Daleithiau oedd cadfridogion wedi ymddeol. Ond gydag amser teimlwn fod galw arnaf i lunio canllawiau ar gyfer fy mhregethu. Dyma rai a luniais.

a. Ni allwn warantu ysbrydoli'r gynulleidfa bob Sul, ond gallwn sicrhau nad aent adref yn waglaw drwy gyflwyno llawer o wybodaeth yn y bregeth, am hanes Cristnogaeth, am y Beibl, am y byd pell ac agos, am fyd natur. Golygai hynny ddarllen yn eang a helaeth, a gwylio ambell ffilm a rhaglen deledu mwy arwyddocaol na'i gilydd.

b. Gwelais frawddeg un tro: 'Y gwahaniaeth rhwng pregeth a gêm ffwtbol yw, pan ewch i weld gêm ffwtbol, 'wyddoch chi ddim pwy fydd yn ennill!' Nid difyrru yw amcan pregeth, ond haws gwrando ar un ddifyr, felly roedd angen gwrthweithio undonedd. Bob Sul ceisiwn bregethu mor bell â phosibl oddi wrth thema'r Sul cynt. A chan fod dirgelwch yn brin mewn oedfa ymneilltuol, ceisiwn ddod â hwnnw i mewn i'm pregethau. I'w teitlau i ddechrau, a roddwyd ar fwrdd y tu allan i'r capel drwy'r wythnos ac ar bapur Sadwrn y ddinas: Un mi gofiaf oedd *'Windows don't happen'*, o gerdd gan R. S. Thomas. Ond yng nghynnwys y bregeth hefyd. Nid yw dilyn cyfres yn gweithio i mi, ond pregethwn weithiau ar destunau annisgwyl, fel cwymp waliau Jerico (Josua 6.5), neu destunau anodd, fel Iesu'n melltithio'r goeden ffigys (Mathew 21,18-22),

c. Anelwn at fynegi rhywbeth na wyddwn i fy hun o'r blaen ym mhob pregeth, gan geisio creu naws o sefyll yn ymyl y gwrandawr, naws o 'hoffwn rannu â chi yr hyn a ddysgais i'r wythnos hon'. Yr oedd Suliau 'mawr' wrth gwrs. Bob Pasg, rhoddai cymydog, pregethwr cymeradwy, yr hen neges mewn diwyg newydd, ond teimlwn i nad oedd hynny'n ddigon ymdrechgar i fater mor aruthrol, felly darllenwn am yr Atgyfodiad o bryd i'w gilydd gydol y flwyddyn, ac amcanwn bob Pasg at roi gwedd ar y neges na wyddwn i fy hun y Pasg cyn hynny.

Y Drydedd Wers

Rhywbeth a fu ar fy meddwl cyn mynd i'r Unol Daleithiau, oedd, sut i sicrhau perthynas iach rhwng gweinidog ac eglwys. Tyfodd fy nghonsyrn allan o weld enghreifftiau o 'ieuo anghymharus'. Y rhai egluraf oedd dwy eglwys nad oedd rhithyn o ffwndamentaliaeth yn eu gwead, yn galw gweinidogion ffwndamentalaidd - dau ddyn da iawn. Arweiniodd un alwad at sefyllfa boenus, ond digwyddodd y llall pan oedd gweinidogion yn brin a'r eglwys yn ddiolchgar am 'weinidog'. (Y broblem i mi mewn sefyllfa felly yw bod beth bynnag yw rhuddin Cristnogol yr eglwys ei hun ddim yn debyg o gael ei ddatblygu.)

Dwy flynedd cyn i fi gyrraedd Plymouth, galwodd yr eglwys weinidog anghymwys iddi hi, a bu rhaid trefnu iddo adael ymhen blwyddyn, busnes anodd. Felly buont yn or-ofalus wrth fy ngalw i, tri niwrnod o gyfweliadau a chorwynt o lythyru - at fy hen Athro Athroniaeth yng Ngholeg Diwinyddol Princeton, at gydfyfyriwr yno a ddaethai'n weinidog eglwys fawr, at weinidog iau na mi yng Nghymru, at Ysgrifennydd yr Annibynwyr - hyd yn oed (wedi cael fy nghaniatâd) at fy meddyg!

Ond agorodd ei phrofiad blaenorol yr eglwys i fod yn barod i ailystyried rhai materion, a llwyddais i'w chael i weithio allan ei gwerthoedd a'i gobeithion, sut eglwys felly y mynnai fod, ac i roi hynny ar gof a chadw. Pan ddaeth fy nhymor i yno i ben, rhan o'r ymchwil am olynydd oedd dangos gobaith yr eglwys am ei dyfodol i'r neb a ymddiddorai ynddi, a gofyn iddo/i, a ellwch chi ein helpu i fod y math hyn ar eglwys.

Y Bedwaredd Wers

Dywedir y gall gweinidog fod yn '*bottle-neck*' ym mywyd eglwys – nid oes rhaid iddo fod yn erbyn dim i hynny beidio â digwydd, gall peidio â bod o'i blaid fod yn ddigon. Gallaf feddwl am eglwysi y mae pobl ddawnus ynddynt na chânt gyfle i roi o'u gwasanaeth. Gwn am un y mae seicolegydd i'r henoed yn aelod ynddi, mae digon o henoed yn yr eglwys, ond ni wahoddwyd y seicolegydd hwnnw erioed i annerch yn ei eglwys. Nid oes angen sylw arno, ac mae ganddo ddigon o waith, ond rhyfedda at fethiant ei eglwys ei hun i ddefnyddio ei arbenigedd.

Mae eisiau symud y gweinidog o'i le canolog yng ngweinyddiad pob eglwys. Diolch i'r drefn yno, yn Plymouth yr oedd yn amhosibl i mi fod yn bresennol yng nghyfarfod misol pob Bwrdd, heb sôn am bob pwyllgor. Yr oeddwn i'n aelod o Fwrdd yr Ymddiriedolwyr a Bwrdd y Diaconiaid, ac fe âi pob un o'r gweinidogion eraill at ddau o'r chwe Bwrdd arall. Ond ni chadeiriai'r un ohonom yr un Bwrdd na phwyllgor - na chwrdd eglwys. Sefyllfa iach.

Llwyddais hefyd i gyflwyno'r neges fod pawb yn rhydd i ddechrau unrhyw weithgarwch heb gysylltu â fi - ar dri amod, un, fod popeth yn cael ei gofnodi, dau, fod pob cofnod yn croesi fy nesg i'n hwyr neu'n hwyrach, tri, fy mod i eisiau clywed am broblemau a godai tra eu bod yn fach! Un gweithgarwch a gychwynnwyd gan aelodau eu hunain oedd cyfarfod misol o wyth mam, pob un â phlentyn anabl.

Bu gen i ffydd erioed ym marn cynulliad o Gristnogion pan fo dau beth yn eu lle. Un yw pan fo gan y gynulleidfa ddigon o wybodaeth, a'r llall yw pan nad oes carfannu afiach. Yr oedd y ddeubeth hynny'n bwysicach nag arfer mewn eglwys niferus. Yn Plymouth, ystyriwn mai un o'm tasgau pennaf oedd nid bod yr unig na'r brif ffynhonell o arweiniad pan wnaed penderfyniad, ond diogelu bod gan yr aelodau yr holl ffeithiau, ac nad oedd yna garfannu afiach yn digwydd.

Dyna ddigon am y tro. Mae rhai posibiliadau uwchben yn anaddas i eglwysi heb fawr o adnoddau, ond hyderaf fod yn eu plith ambell awgrym, a naws efallai, a fydd o help i rywrai.

Cwestiynau

1. Pa awgrymiadau uwchben allai weithio yn eich eglwys chi?

2. A oes gan weinidogion Cymru ormod o ddylanwad mewn eglwysi?

7. Plant a'r Eglwys

Ar draws y byd mae plant yn dioddef ar raddfa ddychrynllyd, peth ohono oherwydd trychinebau naturiol, fel llifogydd, llawer ohono oherwydd methiannau dynol - rhieni gwael, awdurdodau lleol esgeulus, rhyfel, ac nid yw hyd yn oed yr Eglwys Gristnogol, o bob man, yn lle diogel i blant. Yn wir, i laweroedd, bu'n gors moesol.

Pedoffilia yn yr Eglwys Gatholig

Mae adroddiadau ar pedoffilia yn yr Eglwys Babyddol yn ddiddiwedd. Yn ddiweddar addefodd un o arweinwyr yr Eglwys honno yn Iwerddon nad oedd wedi gweithredu'n ddigon da yn achos un offeiriad a fu yn ei ofal ac y gwyddai iddo ymyrryd â phlant – ond brysiodd i ychwanegu na fyddai ef ei hunan yn ymddeol.

Cwmwl mawr dros ymweliad y Pab diwethaf â Phrydain dro'n ôl oedd adroddiad a ddaeth allan yr union adeg honno ar pedoffilia yn yr Eglwys Babyddol yng ngwlad Belg, lle y cyfaddefodd archesgob yno iddo ymhel hyd yn oed â'i nai ei hun.

Addefodd y Pab Benedict fod ymateb ei Eglwys yn y gorffennol wedi bod yn rhy amhendant, addawodd y gwnâi'n well, ac addefodd fod camdrin plant yn rhywiol yn drosedd cyfreithiol, ac felly'n fater i'r heddlu. Ond mae hynny oll yn unig, yn annigonol. Fel y nododd un sylwebydd, nid yn unig y mae'r hierarchi Pabyddol yn methu â gweld y pwynt, maent yn methu â gweld eu bod yn methu â gweld y pwynt.

Dywedodd Iesu, 'Gadewch i blant ddyfod ataf fi a pheidiwch â'u rhwystro' (Mt 19,14), a 'Pwy bynnag sy'n derbyn plentyn sy'n fy nerbyn i'.(Mt 18,5). Nid ymresymiadau athronyddol astrus! Nid y math ar adnodau y mae'n debyg y byddai neb wedi eu hychwanegu at neges Iesu ychwaith. A'r pechod hwn yn nodweddu'r Eglwys Babyddol yn arbennig, (er bod digwyddiadau yn Eglwys Loegr yn ddiweddar, ac efallai yn rhengoedd Anghydffurfwyr Cymru), mae angen i'r hierarchi Pabyddol ddeall, ac yna esbonio i'w haelodau, ac i'r gweddill ohonom, beth ym mywyd eu Heglwys hwy sydd wedi tywys offeiriaid ac athrawon yn y fath niferoedd i anwybyddu cyfarwyddiadau syml, clir sylfaenydd yr

Eglwys ei hun, ac i gynifer o arweinwyr Pabyddol fethu ag ymateb yn addas i arswyd y troseddau.

Yr wyf yn glir fy hunan bod cyswllt rhwng y rheswm gwaelodol a nifer o ffactorau, ag ymwrthod John Paul II o ysbryd Fatican 2, ar ymateb y Pab Benedict i'r hyn a ddywedodd Hans Kung, ac ar y pwyslais ar ddiweirdeb offeiriaid, a'r gwrthod caniatâd hefyd i wrywod Pabyddol ddefnyddio condom mewn gwledydd lle mae HIV yn rhemp - gwrthodiad mileinig gan ddynion sengl, oedrannus lawer ohonynt, a dynion mewn gwledydd yn Affrica fel Wganda, yn mynd i'r brifddinas Kampala, yn ymweld â phuteiniaid yno ac yn dod adref a rhoi HIV i'w gwragedd diamddiffyn, a hwythau'n ei estyn ymlaen i'w plant. Mewn gair, rhoi eideoleg sefydliadol o flaen pobl – yn y cyswllt hwn, o flaen plant, ymhlith y mwyaf diamddiffyn.

Mae'r cyfan yn costio'n ddrud i'r Eglwys Babyddol, mewn arian i ddechrau – bu rhaid gwerthu tŷ archesgob Boston, archesgobaeth gyfoethocaf yr Unol Daleithiau, i dalu am gŵynion cyfreithiol yn erbyn yr archesgobaeth. Yn waeth wrth gwrs, collodd yr Eglwys nid yn unig llawer iawn, iawn o'i henw da, ond miloedd ar filoedd o'i haelodau, ac mae'n debyg bod cyswllt rhwng hynny hefyd a'r ffaith bod nifer y rhai sy'n ymgynnig am yr offeiriadaeth yn lleihau'n ddybryd ers tro. Ond nid yw hynny oll yn ddim o'i gymharu â'r niwed a wnaed i blant aneirif.

Plant Mewn Eglwysi Eraill

Er nad oes yr un o'r prif eglwysi wedi bod cynddrwg â'r Eglwys Babyddol yn hyn, gall unrhyw eglwys wneud cam â phlant. Yn yr eglwys a wasanaethais i yn America, byddai rhai aelodau'n cael cyfle yn ystod y tri Sul cyn y Sul casglu addewidion ariannol am y flwyddyn ganlynol, i rannu â'u cydaelodau am dri munud yn yr addoliad eu rheswm hwy dros gyfrannu'n ariannol i'r achos. Yr oedd eu rhesymau'n drawiadol yn ddi-feth. Un flwyddyn yr hyn a ddywedodd un mam oedd fod ei mab wedi dod adref yn ei ddagrau un bore Sul o'r eglwys yr oeddent hwy'n addoli ynddi'n deulu ar y pryd. Wylodd yn dawel am dridiau, a gwrthod dweud pam. O'r diwedd cafodd hi'r rheswm ganddo: '*I don't want to go to hell*' meddai. 'Un o'm rhesymau am gyfrannu i'r eglwys hon' meddai ei fam, 'yw fy mod yn siŵr bod fy mhlant i'n ddiogel yma!'

Mewn un cymdogaeth y gweinidogaethais ynddi, bob hyn a hyn byddai un eglwys yn cynnal ymgyrch i blant am wythnos gyfan, ac yr oedd y dychymyg a'r dyfeisgarwch a âi i mewn i'r ymgyrch honno'n rhywbeth i'w barchu a rhyfeddu ato – a dysgu oddi wrtho. Ond mewn un ymgyrch o leiaf, gwahoddwyd rhai plant i gyfarfod o'r neilltu, a dywedwyd wrthynt, os gofynnent i Iesu am ddod i mewn i'w calonnau i fyw, fe ddeuai, a phan ddeuai byddent hwy'n gwybod hynny! Mam i ferch a oedd yn y cyfarfod hwnnw a adroddodd hyn wrthyf. Gwnaeth ei merch yr hyn a ofynnwyd iddi ei wneud, ond ni theimlodd hi'r sicrwydd bod Iesu wedi dod i mewn i'w chalon. Credodd nad oedd ei chais neu ei chalon hi'n ddigon da, ac am gyfnod aeth i amau ei hunan. Yn ffodus yr oedd hi'n ferch gref a'i mam yn fenyw ddoeth, a gyda hyn daeth y ferch yn ôl yn iawn i'w phethau. 'Wn i ddim am y plant eraill. Bwriadau da gan arweinwyr glew, yn ôl eu goleuni hwy, ond prinder cariad doeth at blant.

Gwn am weinidog braf yn fy enwad i sydd byth a hefyd, meddai tad yn ei gynulleidfa sy'n ffrind i mi, yn dweud wrth blant ei eglwys eu bod yn bechaduriaid. Gallaf feddwl am negeseuon mwy dyrchafol a Beiblaidd na hynny i blant. Teg cydnabod nad yw'n cyfyngu ei brif neges i blant. Dywedodd gwraig o'i eglwys wrthyf dro'n ôl iddo ddefnyddio'r gair pechod 35 o weithiau un bore Sul mewn pregeth i oedolion! Nid yw ei bwyslais yn cael yr effaith y bwriada iddo ei gael yn achos y wraig honno ta beth, gofyn y mae hi, beth yn ei fywyd ef sy'n esbonio rhoi'r fath le yn ei bregethu i bechod!

Dro'n ôl cafwyd cyfres o ddarlithiau ar y teledu gan Hywel Williams yr hanesydd, ar wahanol agweddau o fywyd y Gymru Gymraeg, gan gynnwys crefydd. Y rhaglen olaf oedd cyfle i gynulliad o wahoddedigion i ymdaro â Hywel, ac yn eu tro trafodwyd pob un o'r pynciau a drafododd Hywel yn ei gyfres Pan ddaeth yn amser trafod crefydd, menyw eofn ddechreuodd y siarad, ac fe siaradodd mor ddilornus am grefydd fel nad oedd yn rhwydd i neb arall yno ddweud dim adeiladol wedyn. Siaradodd dwy arall, un yn sili braidd, a'r llall yn negyddol, a rhyw straffaglu'n ofer wnaeth un neu ddau arall ohonom. Anrhydeddwyd pob maes arall, ond nid crefydd. Bu rhaid i mi ofyn i mi fy hun, a oedd rhywbeth wedi digwydd i'r gwragedd hyn – neu ddim wedi digwydd iddynt - pan oeddent yn blant mewn rhyw eglwys?

Sut Mae Trin Plant?

Beth felly all eglwys wneud dros blant? Yn gyntaf, eu parchu. Gall hynny olygu cynnwys eu dysgu. Rhoi ffeithiau iddynt wrth gwrs, am y Beibl, am hanes yr eglwys leol, am eu henwad, am Gristnogaeth yn ei gyfanrwydd, eithr yn bennaf rhoi iddynt ddarlun o ffydd na fydd yn blwyfol-gul ond un y gellir ei addasu ar gyfer beth bynnag y bydd bywyd yn ei daflu atynt. A'u helpu i ddechrau gweithio allan, ac i ddeall sut i weithio allan, eu ffydd drostynt eu hunain.

Fe'm gwahoddwyd yn ddiweddar gan feddyg sydd wedi ymddeol, i ymuno â grŵp sy'n trafod cwestiynau crefyddol. Ond nid yw ef yn mynychu unrhyw le o addoliad! Un o'i atgofion byw yw i'r capel a fynychai yn ifanc wrthod ei dderbyn yn aelod – yr unig un o blith ei gyfoedion – am na allai adrodd ar goedd bopeth yr oedd disgwyl iddo ei wneud wrth gael ei dderbyn. Nid oedd fawr o wahaniaeth beth y disgwylid iddynt ei adrodd gan y lleill, yn ei farn ef, ond yr oedd ef yn rhy gydwybodol i eglwys yr oedd cyffes benodol yn bwysicach iddi na, dyweder, gonestrwydd meddyliol un o'i phlant ei hunan, a goblygiadau hynny. Mae ei ddiddordeb ef mewn pynciau Cristnogol yn parhau. Beth am y lleill tybed?

Dysgu Gwerthoedd

Dylai eglwys ddysgu ei phlant yn gynnar hefyd nad oes lle mewn eglwys i werthoedd anghristnogol. Rwyn cofio gweinidog ardderchog o Gymro'n dweud wrthyf gyda balchder tawel un diwrnod fod pob darllenydd yn y gwasanaeth naw gwers a charol a gynhaliwyd yn eu heglwys nhw y nos Sul gynt, yn fyfyriwr mewn prifysgol. A hyn mewn cwm glo! Gydag amser mynd i ffwrdd i weithio y byddai'r myfyrwyr hynny bob un go debyg, a'i adael ef neu olynydd iddo â phobl ifainc – neu'n debycach, heb bobl ifainc - a fyddai wedi synhwyro mai aelodau ail-ddosbarth oeddent hwy yn y gymuned honno.

Slawer dydd arddangoswyd gwerthoedd anghristnogol yn gynt na hynny. Yn y capel a fynychwn i'n grwtyn, bob blwyddyn rhaid oedd i blant a fethai'r *11-plus* weld plant a oedd wedi llwyddo yn cael eu galw ymlaen i'r sêt fawr i gael eu llongyfarch a'u canmol. Tair gwaith yn ddiweddar cefais sgwrs â pherson a oedd wedi ymddeol ar ôl gyrfa lwyddiannus, a deall bod y tri'n dal i feddwl amdanynt eu hunain fel rhai a fethodd y *11-plus*! Os oeddent yn mynychu eglwys adeg eu 'methiant', a fu'r cymunedau Cristnogol hynny'n help neu'n rhwystr iddynt?

Mae ansawdd cymdeithas oedolion mewn eglwys yn rhywbeth y gall plant sylwi arno hefyd. Yn yr eglwys Americanaidd y gweithiais ynddi byddai un o'r gweinidogion am flwyddyn yn paratoi dosbarth o bobl ifainc ar gyfer cael eu derbyn yn aelodau. Yna, yn y cyfarfod derbyn, câi'r rhai a oedd yn dymuno gwneud hynny roi datganiad o ran o'u cred bersonol o'r pulpud gerbron y gynulleidfa. Cofiaf un crwt ifanc yn dweud, gyda mesur o bryder, ''Nid wyf yn glir fy meddwl ynghylch y busnes yma o Dduw ac ati, ond rwyn hoffi'r bobl yn yr eglwys hon, y ffordd yr ydych yn ymwneud â'ch gilydd ac yn ymwneud â phobl anghenus yn y gymdogaeth ac ym mhen draw'r byd. Mae gen i barch mawr tuag atoch, ac os ydych yn fodlon fy nerbyn i, fe hoffwn i berthyn i chi.'

Clywais ddau ymateb i ddatganiad y crwt hwnnw, un gan bâr ifanc efengylaidd-ceidwadol a oedd wedi galw heibio ac a bryderai ein bod yn dysgu anffyddiaeth i'n pobl ifainc, a'r llall gan fenyw nid anenwog mewn cylchoedd Cristnogol yn America, Joan Chittister, awdures ac arweinydd cwfent Babyddol yn Pennsylvania. Yr oedd hi wrth ei bodd bod amheuon y crwt ifanc yn cael eu parchu, a'r bachgen yn cael y cyfle i weithio allan ei ymholi y tu mewn i'r gymdeithas, yn hytrach na gorfod neidio ambell gamfa ym myd credoau o'r tu allan er mwyn ymuno, neu'n waeth, cael ei wrthod efallai.

Plant a'r Aelwyd

Gall ansawdd Cristnogaeth ar aelwyd wneud Cristnogaeth yn real neu'n afreal i rai plant hefyd. Yr oeddwn yn siarad dro'n ôl â gwraig amlwg a gweithgar yn ei heglwys, ac fe gododd enw menyw o eglwys arall gyfagos yn y sgwrs. Pan ddigwyddodd hynny, er bod ei phlant hi ei hunan yno, fe ddifenwodd y wraig gyntaf yr ail wraig yn ddidrugaredd. Am a wn i, nid oedd yr ail wraig newydd dreulio tymor yn y carchar, heb sôn am lofruddio neb yn ddiweddar, ac ni wyddwn i beth oedd y tu cefn i'r ymosodiad, ond nid oedd unrhyw ymwybyddiaeth ym mryd y gyntaf mai Cristion yn lladd ar Gristion arall a phlant yn bresennol oedd yn digwydd – ei phlant hi hefyd. Ni effeithiodd fy mhresenoldeb i ddim arni chwaith.

Wrth gwrs, rhan o waddol y gorffennol yw mai dweud ein bod yn credu hyn a'r llall sy'n gwneud Cristion, nid ymddwyn yn garedig er enghraifft. Nid yw plant y fenyw gyntaf y soniais amdani uwchben yn mynd i'r cwrdd mwyach (fel plant llawer ohonom). Gall plant garu eu rhieni ac anwybyddu, hyd yn oed amharchu eu ffydd.

Eglwysi ac Aelodau Cas

Mae'n rhyfedd y lle a gaiff pobl angharedig mewn eglwysi weithiau. Gwn am ddyn a oedd mor gas ei anian fel, er iddo geisio sawl gwaith gael ei ethol yn aelod o bwyllgor lleol ei Undeb, na fyddai ei gymrodyr yn y gwaith fyth ac yn dragywydd yn caniatâu iddo le ar bwyllgor eu Hundeb. Ond yr oedd yr eglwys - chwarae teg iddi ar ryw ystyr - yn ei dderbyn, ac oherwydd prinder dynion nid yn unig fe'i gwnaed yn ddiacon, fe'i gwnaed yn ysgrifennydd yr eglwys. Bydd rhai pobl fel yna'n adnabod eu hunain yn ddiamau, ac yn amddiffyn eu hunain drwy weithgarwch amlwg a chyfraniadau ariannol cymharol hael. Ond onid yw'n llawn mor bwysig i gael brawddeg mewn cyfamod eglwysig sy'n sôn am siarad yn dda am ein gilydd ac am eraill, ag i gael brawddeg ar y Drindod? Mae plant, hyd yn oed heb yn wybod iddynt, yn nodi angharedigrwydd a chasineb mewn eglwys. Wrth i nifer y rhai sy'n mynychu eglwysi leihau, o leiaf mae'r peryglon hynny'n lleihau hefyd. Diolch i Dduw, mae caredigrwydd mewn eglwysi yn araf ar gynnydd fe ddywedwn i.

Yn y capel a wasanaethais ym Minneapolis, yr oedd pedwar mynediad i mewn i'r 'campws', a phob Sul wrth bob drws yr oedd basged fawr i dderbyn tuniau o fwydydd. (Mae arfer tebyg i'w gael mewn nifer o eglwysi yng Nghymru hefyd, chwarae teg.) Cymhellid pawb i ddod â rhywbeth bob Sul, ond yn arbennig y plant a'r bobl ifainc. Weithiau byddai athrawon yr Ysgol Sul yn mynd â'r plant lawr i selar y capel i weld y stôr o fwyd a oedd yno ar gyfer ei rannu bob bore o'r wythnos i unrhyw un a alwai heibio i gael gwerth tridiau o fwyd i'w teulu oll unwaith y mis.

Bob hyn a hyn hefyd trefnid i bobl ifainc y capel, o dan ofal oedolion wrth gwrs, i gysgu allan dros nos mewn rhyw faes parcio gwag ar noson aeafol, a chysgu mewn blychau carbord er mwyn iddynt hwy gael syniad am sut oedd rhai tlodion yn cysgu yn eu dinas hwy eu hunain, ac er mwyn dwyn hynny ar gof i drigolion eraill yn y gymdogaeth.

Pa mor bwysig i ni yw'n ffyrdd ni o drafod y rhai diniweitiaf yn ein heglwysi – ein plant? Digon pwysig i sefydlu cwmni ym mhob eglwys, neu os yw'r eglwys yn fach, rhwng sawl eglwys ar y cyd, i drafod yn rheolaidd – nid addysg y plant, o leiaf nid hynny'n unig – ond ein gofal am eu tyfiant mewn ffydd? Ac oni ellid ymestyn gofal cwmni felly i gynnwys trefnu cyfleoedd i rieni a hoffai wneud hynny, i drafod pa fath o ymarweddiad ar aelwyd sydd debycaf o faethu ffydd? Mae astudiaethau eisoes ar gael yn Saesneg am y berthynas rhwng estyn ffydd ymlaen i'r genhedlaeth nesaf ac ansawdd bywyd aelwydydd. Sonia un er enghraifft am *'parental warmth and lenience'*. Galwad fugeiliol nad ydym eto wedi dechrau ymateb iddi yng Nghymru hyd y gwn i.

Ac a ellid derbyn gofal am les cyffredinol plant y tu allan i'r eglwys efallai? Mae rhai eglwysi wedi agor eu festrïoedd yn y nos i blant sydd heb gartrefi addas, am ba reswm bynnag, i wneud eu gwaith cartref ynddynt. Mae ffyrdd eraill mae'n rhaid i fod yn gefn i blant. Yn ôl y papurau dyddiol mae plant aneirif yn cael cam rywsut neu'i gilydd yn ein cymdeithas ni heddiw. Onid oes lle yn y fan yna i eglwysi wneud cymwynas â'u plant eu hunain ac â phlant eu cylch?

Nid gydag amcan cudd y dylid gwneud cymwynasau â phlant, ond mewn gwirionedd byddai gwasanaethu lles plant cystal erfyn cenhadol lleol â dim. Gallai'r plant a fyddai'n elwa oddi wrth unrhyw weithgarwch drostynt drwy eglwys, fagu serch a pharch tuag at yr ymgorfforiad hwnnw o'r Efengyl, ac yn sicr gallai gwasanaethu plant yn y dyddiau gofidus hwn i blant, dynnu ambell oedolyn yn y gymdeithas leol yn nes mewn parch ac edmygedd at ffynhonell y math hwnnw ar dystiolaeth lleol.

Cwestiynau

1. A oes rhywbeth mewn eglwys sy'n tynnu'r gwaethaf allan ohonom weithiau?

2 Sut mae adeiladu ffydd plant mewn eglwys?

8. Cenhadaeth yng Nghymru

Cyfnod o Newid Aruthrol

Ers amser nawr mae dywediadau fel 'Cenhadaeth yw yr Eglwys' wedi ymddangos yn aml mewn cylchgronau crefyddol. Ond i lawer, cenhadaeth, cenhadaeth leol o leiaf, yw dim ond ceisio cael pobl a adawodd yr eglwysi i ddod yn ôl.

Yn cymhlethu holl genhadaeth yr Eglwys heddiw y mae'r ffaith mai ar gynnydd y mae'r newidiadau sy'n digwydd o'n cwmpas ni. Mae cenedlaethau o'n blaen wedi credu na fu cyfnod o newid tebyg i'w cyfnod nhw erioed, eto nid yw'n anodd credu bod hynny'n wir am ein cyfnod ni.

Bathodd yr athronydd Ellmynig Karl Jaspers yr ymadrodd 'Yr Oes Echelog' (*The Axial Age*), i ddisgrifio'r canrifoedd o 800 i 200 CC., y canrifoedd pan gychwynnwyd rhai o'r mudiadau a ddylanwadodd ar ansawdd meddyliol y byd fyth wedyn, megis Bwdïaeth, Hindŵaeth, proffwydoliaeth Iddewig, ac athroniaeth Groeg. Nawr mae'r awdur Karen Armstrong yn awgrymu ein bod ni heddiw'n byw yn yr Ail Oes Echelog. Yr hyn sydd ganddi hi mewn golwg yw'r chwyldro a ddechreuodd â'r Dadeni yn Ewrob yn ail hanner yr ail ganrif ar bymtheg ac a esgorodd ar holl amrywiaeth meddyliol ac ysbrydol y byd ers hynny.

Rhan o'i chred hi yw bod y mudiadau y soniodd Jaspers amdanynt – ynghyd â mudiadau eraill diweddarach, megis Cristnogaeth (y ganrif gyntaf), ac Islam (y seithfed ganrif), yn dod wyneb yn wyneb yn ein cyfnod ni. Mae mudiadau sydd yn dechrau gorfod cydnabod bodolaeth ei gilydd, a mwy a mwy yn gorfod arddel elfennau ym meddylfryd ei gilydd y dylid eu gwerthfawrogi, fel goddefgarwch Bwdïaeth, ac yn gorfod tynnu sylw at rai o wendidau ei gilydd (megis lle isradd gwragedd yn rhai ffurfiau ar grefydd Islam). Er bod rhyfeloedd rhwng rhai carfannau Mwslimaidd a Christnogaeth, mae hefyd yn wir bod cyfarfyddiadau llesol rhwng hyd yn oed y gwahanol fudiadau hyn yn rhan bellach o natur y byd modern, ac mae'r cyfan yn awgrymu hyd a lled a dyfnder y newidiadau y cred rhai meddylwyr sy'n digwydd yn y byd cyfoes

'formidable inertia' Crefyddwyr

Ond un o weddau ysbryd dynoliaeth yw gwrthwynebu newid. Ym marn rhai mae'r ysbryd gwrthwynebus hwnnw'n fwy eithafol ym myd crefydd na mewn bydoedd eraill. Yn sicr, mae pwysau mawr ym mywydau eglwysi o blaid yr hen. I laweroedd o Gristnogion mae'r hen, hyd yn oed yr hen sy'n gymharol ifanc, wedi eu gwasanaethu'n dda, maent yn gyfarwydd a chyfforddus ag ef, mae'n gyswllt â hynafiaid, ac mae pwysau hen ddehongliadau o'r ysgrythur a'r meddwl Cristnogol hanesyddol yn rhan o hynny. Ar y llaw arall, gall arferion a meddyliau newydd olygu ymdrech i'w deall, disgyblaeth i ddod yn gyfarwydd â nhw, a rhywfaint o fenter, hyd yn oed o farw i'r hunan, i ymroi iddynt.

Pan fydd Cristnogion yn gwrthwynebu gwirionedd newydd sy'n arwain at newid, bydd ganddynt esboniad iddynt hwy eu hunain dros eu gwrthwynebiad, esboniad y bydd rhai ohonynt yn ei gredu o wirfodd calon, ac eraill efallai'n ei ddefnyddio i osgoi cydnabod bod rhyw safbwynt o'u heiddo wedi bod yn anghywir, neu wedi chwythu ei blwc bellach, safbwynt y maent wedi clymu eu henw da wrtho. Gall newid hyd yn oed deimlo fel brad os yw'n golygu cefnu ar safbwynt y mae Cristion wedi ei rannu ag eraill a dyfodd o achos hynny'n ffrindiau.

Soniodd hanesydd Pabyddol blaenllaw o'r Unol Daleithiau, y diweddar George Tavard, un y cefais y fraint o fod yn ddisgybl iddo, am yr hyn a alwai'n *'formidable inertia'* sy'n nodweddu Cristnogion yn aml wrth iddynt wynebu newid.

Elfennau *'inertia'* Cristnogol

Nododd awduron o sylwedd.rai o elfennau dyfnaf yr *'inertia'* Cristnogol yma. Dyma rai enghreifftiau:

(a) Yn 2003 bu farw Colin Gunton, Athro Diwinyddiaeth yn Ngholeg King's yn Llundain yn 62 oed, colled fawr am mai llais oedd, nid adlais. Haerodd ef mai 'un o bechodau parhaol Cristnogaeth yn y Gorllewin o ddyddiau Awstin (354–430) ymlaen, yw ymgolli yn yr hunan'.

(b) Yn ôl y Sgotyn Henry Drummond ('y dyn mwyaf Crist-debyg a welais erioed' meddai'r efengylydd Dwight L. Moody) yn ei lyfr *'The Greatest Thing in the World'* (1847) gan mai prif achos y Diwygiad

Protestannaidd oedd natur ffydd, daeth ffydd – nid cariad, 'y mwyaf' o'r tri gras, 'ffydd, gobaith a chariad'.(1 Cor 13,13), yn brif bwyslais Protestaniaeth. Dyna pam, medd Drummond, y dechreuodd y genhadaeth dramor Brotestannaidd dair canrif ar ôl un y Pabyddion!

(c) Nododd Paul Chambers, cymdeithasegwr yng Nghymru, gynifer o anghydffurfwyr Cymraeg a aeth i ffwrdd i fyw ond heb ymaelodi mewn eglwys yn eu lle newydd. Tueddodd rhai eglwysi i berswadio aelodau a oedd yn symud, i gadw eu haelodaeth yn yr hen eglwys! Dywedid 'slawer dydd bod sêt gefn un eglwys Annibynnol yn y *'Rockies'*. Mewn oes symudol methodd eglwysi anghydffurfiol â chyflwyno catholigiaeth ffydd i'w haelodau.

Mae elfennau eraill hefyd, fel ôl-effaith diwygiadau, fel yn y gred y gellir drwy'r Ysbryd gael newid mawr dros nos – a Duw'n gwneud y cyfan. Ond cymar y gred honno yw methu neu wrthod gweld na ellir diwygio sefyllfa weithiau ond drwy feddwl ac ymroddiad caled dros gyfnod. Pan geisiodd un gweinidog gael ei eglwys i adnewyddu ei bywyd, synnodd at gyn lleied o ddiddordeb oedd yn hynny. Heblaw am newid mawr a chyflym, ymddangosai nad oedd dim arall yn werth ei gael.

Ac wrth gwrs, nid oes gwasgfa allanol derfynol ar unrhyw gred neu weithgarwch Cristnogol. Gall cwmni busnes sy'n methu ag adweithio i'w amgylchfyd fynd i'r wal, a daw'r achos yn eglur, ond pan na cheir llwyddiant yn unrhyw ystyr ym myd crefydd, gellir bob amser feio pobl 'anffyddlon' am gefnu ar Dduw!

Mae anecdotau ynghylch methu â newid yn llu. Siaredais un diwrnod â mam a merch, am fater y byddent yn ei drafod y Sul canlynol yn eu heglwys hwy. Mynegodd y ddwy eu dymuniad personol. Ond o'n blaen yr oedd plentyn y ferch. Awgrymais i'r ddwy eu bod hyd yma yn eu bywyd wedi cael eu heglwys fel y dymunent iddi fod, ac efallai y dylent nawr ofyn beth fyddai orau i ddyfodol y plentyn o'n blaen - a phob plentyn arall yn eu heglwys, heb sôn am rai heb eu geni.

Fe'm hetholwyd un tro ar bwyllgor addysg. Yn fy nghyfarfod cyntaf rhaid oedd dewis athrawes. Pleidleisiais i dros enw a gymeradwyodd ymgynghorwr addysg a oedd yno, ond enw arall gafodd bleidleisiau'r lleill i gyd. Dysgais wedyn ei bod hi'n ferch i un o brif swyddogion y Cyngor! Math o deyrngarwch oedd hynny, meddai prifathro lleol wrthyf, ond *'misplaced loyalty'*. Bu llawer o hynny mewn eglwysi, mewn eglwysi unigol ac mewn cyfundebau o eglwysi. .

Nid yw aelodau eglwysig bob amser yn adnabod gwerth parhaol rhai newidiadau chwaith. Gwn am eglwys a etholodd ddiaconiaid newydd am bedair blynedd. Esboniodd y gweinidog amcan rhoi terfyn ar eu tymor. Ond pan ddaeth eu tymor i ben, eu hailethol wnaeth y gynulleidfa – ac ni chododd yr un o'r pedwar lais yn groes.

Gadael Eglwys

Yng nghanol yr holl gyffro meddyliol a diwylliannol cyfoes, gadawodd miloedd ar filoedd eu heglwysi. Gadawodd rhai am resymau simsan fel ildio i'r awyrgylch cymdeithasol newydd sy'n ei gwneud yn haws heddiw i wrthod y cyfrifoldeb o fod yn deyrngar i eglwys. Ond gadawodd rhai am fod yr eglwys neu'r enwad y perthynent iddi yn gwrthod symud ymlaen, naill ai'n gyffredinol, neu ar ryw achos neu achosion pwysig yn eu golwg, a hynny efallai'n peri iddynt deimlo'n anghysurus, hyd yn oed yn anonest efallai. Dichon fod rhai hefyd yn ofni y byddai parhau eu cyswllt â'u heglwys yn gwanhau eu hamgyffred hwy eu hunain o'r ffydd, yn gwanhau gam a cham eu hintegriti Cristnogol personol.

Ar hyd y blynyddoedd clywais am nifer o bersonau enwog yn gadael eu heglwys neu eu henwad, fel Don Cupitt, cyn-ddeon Coleg Emmanuel yng Nghaergrawnt, a glywais yn annerch yn Rhydychen, awdur *'The Sea of Faith'* (1984) a wnaed yn gyfres deledu. Gadawodd ef yr Eglwys Anglicanaidd am y Crynwyr, efallai oherwydd fod eu meddylfryd hwy'n fwy cydnaws â'i feddylfryd agored ef.

Gall y symud fynd i'r cyfeiriad eglwysig arall, ac am resymau eraill. Synnais 'slawer dydd o glywed J.S. Whale, Annibynwr o fri, ac awdur llyfrau diwinyddol anghydffurfiol eu naws, yn dweud yn Abertawe mai addoli iddo ef bellach oedd mynd i gwrdd boreol mewn eglwys Anglicanaidd. Cyflwr pregethu anghydffurfiol oedd wedi ei symud ef.

Cawn y ffenomenon yng Nghymru hefyd. Rwyf newydd ddarllen *'The Gospel of the Fallen Angel'*, llyfr â'r is-deitl *"Jesus' story from Satan's Perspective"*. Wrth ddarllen rhai rhannau ohono teimlais yn fwy rhydd (gair mawr yn y Testament Newydd!) yn grefyddol nag y teimlais ers amser, efallai erioed, teimlad braf wrth nesu at ddiwedd oes. Yr awdur yw Geraint ap Iorwerth, mab i offeiriad anglicanaidd, ac offeiriad ei hun am flynyddoedd. Ei blwyf diwethaf oedd Pennal, Aberdyfi, ond mae wedi ymddiswyddo o'i offeiriadaeth bellach.

Dro'n ôl dywedodd anghydffurfiwr dysgedig a meddylgar wrthyf, un a fu'n aelod ffyddlon o eglwys ar hyd ei oes, na fyddai'n mynychu eglwys mwyach, ar wahân i angladd neu briodas neu fedydd. Yr oedd yn amharod i rannu beth oedd wedi ei gythruddo, ond wedi ei gythruddo yr oedd, ac nid ar chware bach dybiwn i. Nid wyf yn amau nad rhywun oedd wedi bwrw sen ar goedd ar ddaliadau Cristnogol ganddo a ystyriai ef – a minnau - yn oleuedig.

Yn ddiweddar, yn Y Goleuad, papur wythnosol y Presbyteriaid, dywedodd brawd o'r enw Dwyryd Williams fod saga'n ymwneud ag ymateb Ysgrifennydd yr Hen Gorff i fater Priodasau Hoyw, yn ddigon i'w droi ef yn Grynwr.

Fe'm temtiwyd innau i adael fy enwad dro'n ôl, oherwydd ein hymateb i'r Cynllun Uno a gynigiwyd i ni yn 1995. Nid y gwrthod oedd fy mhroblem i. Nid oedd y Cynllun yn un da, ac yr oedd y math hwnnw ar gynllun heibio ei 'sell by date' erbyn hynny. Yr hyn a dorrai fy nghalon i oedd y dadleuon anghristnogol a ddefnyddiwyd gan rai – er bod rhai Cristnogol ar gael - i'w lorio, ac a dderbyniwyd i ryw raddau mae'n rhaid gan nifer helaeth o'r enwad gyfan.

Tasg Genhadol yr Eglwys

Mae gan yr Eglwys dasg genhadol enfawr yng Nghymru fel ymhobman arall bron yn y Gorllewin heddiw. Mae gwahaniaethau barn ynghylch natur y genhadaeth honno. Yn ôl Sathianathan Clarke, Athro mewn 'World Christianity' yn Washington D.C., yn yr Unol Daleithiau, (a phresbyter yn Eglwys De India). mae dau bwyslais diwinyddol ar draws y byd heddiw. Mae a fynno un ag ennill pawb i Grist, pwyslais sy'n tarddu yn ei ffurf fodern o Gynhadledd yn Lausanne yn 1974 yr oedd Billy Graham yn amlwg ynddi. Y mae a fynno'r llall â phwyslais Iesu ar deyrnas Dduw, yr hyn a alwodd rhai'n 'vivication of the world', sef gwneud y byd yn well lle i'w drigolion oll, drwy ofalu am y cread, a diogelu cyfiawnder, a hybu hunangyflawniad, a datblygu creadigrwydd, a gwarchod iechyd ac yn y blaen. Mae'r pwyslais hwn yn tarddu o'r uniad rhwng y Cyngor Cenhadol Rhyngwladol ac Adran Cenhadu Cyngor Eglwysi'r Byd yn 1961. Ym marn Clarke mae'r ddwy garfan yn tynnu'n nes.

Boed hynny fel y bo, digynllun yw cenhadaeth yr eglwysi'n lleol yn aml, ond y mae mudiadau yma a thraw sy'n ceisio gweithredu rhyw strategaeth cenhadol neu'i gilydd. Bu hysbysiad yn ddiweddar ym mhapur wythnosol yr Annibynwyr, Y Tyst, (Mai 8, 2014), yn sôn am gyfarfod yng Nghaerdydd gan *'Fresh Expressions'*, mudiad sy'n chwilio am ffyrdd newydd o fod yn eglwys ar gyfer pobl na fu erioed yn gysylltiedig ag eglwys, ac sy'n perthyn i fannau yn ein diwylliant na all ein heglwysi traddodiadol eu cyrraedd. Nid sôn y mae'r mudiad hwn am ychwanegu at yr eglwysi sy'n ceisio sefydlu'r ffurf newydd ar eglwys, nac am eu hefelychu, ond am greu eglwysi cwbl newydd sy'n fynegiant o beth yw eglwys mewn cornelau diwylliannol gwahanol. Ond am 'faes cenhadol' arall rwyf am sôn yma nawr, sef y bobl y soniais amdanynt eisoes, Cymry sydd wedi gadael eglwys ar ôl perthyn iddi am gyfnod sylweddol.

Pwy a Adawodd Pwy?

Mae rhai o'r rhain wedi bod ymhlith goreuon ein heglwysi, yn ffyddloniaid, yn feddylwyr, yn weledyddion. Gadawsant yr Eglwys, ac anodd credu nad oes llaweroedd eto i'w dilyn, oherwydd methiant ein heglwysi i newid. Nid sôn yr wyf am newidiadau ffasiynol, er na fynnwn ddifrïo'r rheiny'n ormodol. Mae'r 'Mudiad Modern' a ddechreuodd gyda William Morris (1834 – 1896), a gydag amser a newidiodd 'gwaith coed' mewn ysgolion uwchradd i fod yn 'Dylunio a Thechnoleg', wedi'n deffro i'r berthynas rhwng hanfodion a'u hallanolion – hyd yn oed rhai eglwysig.

Oni allai'r bobl hyn ddweud mai'r eglwysi sydd wedi eu gadael hwy ac nid y ffordd arall? Ac onid 'blaenffrwyth' yw'r 'goreuon' hyn? Ar draws Cymru (a'r Gorllewin) mae Cristnogion eraill nad ydynt yn enwog, ond a fu hefyd ymhlith goreuon yr eglwysi, wedi eu gadael ers tro, ond yn teimlo yn eu calonnau, neu'n synhwyro, mai'r eglwysi, oherwydd eu gwrthwynebiad i bob newid, sydd wedi eu gadael hwy.

Sôn yr wyf am rai a adawodd eu heglwysi ond sy'n dal i ymddiddori mewn materion ffydd. Ein plant ni'r eglwysi yw'r rhain, wedi eu bedyddio gennym, wedi eu magu gennym, rhai wedi eu priodi gennym, a daliant i holi ynghylch pethau'n ymwneud â Duw ac Iesu ac ystyr bywyd a gwerthoedd. Ac maent allan yna yn y byd o'n cwmpas ni – ynghyd â'u plant a fedyddiwyd gennym nad ydynt hwythau'n tywyllu drws eglwys draddodiadol erbyn hyn efallai, ond sy'n deall bod eglwys wedi golygu llawer i'w rhieni a'u cymdeithas ar un adeg. Gallwn eu dilorni i gyd yn hunangyfiawn am fod yn faterol, ond pobl 'ysbrydol' yw llawer ohonynt. A oedd gan Lenny Henry y digrifwr bwynt pan gyfeiriodd at '...bobl heddiw'n gadael yr Eglwys ac yn dychwel at Dduw'?

Cenhadon Cyfoes

Mae rhai aelodau eglwysig yn mynd allan at y rhain, yn eu cyfarfod mewn hen gapeli ac ysgolion a hyd yn oed tafarndai, ar adegau penodol efallai, ac yn trafod gyda nhw gwestiynau'n ymwneud â ffydd. Bydd rhai o'r 'cenhadon' hyn yn dweud nad ceisio cael y rhain yn ôl i'r eglwys yw eu galwad, nid yw hynny'n bosibl mwyach meddant, ond maent yn estyn allan atynt, yn cymdeithasu â hwy, yn eu harddel, yn ceisio deall eu safbwynt crefyddol.

Mae yna weinidog Cymraeg Bedyddiedig y mae gwneud hynny'n alwad ffurfiol iddo, neb llai na Tecwyn Ifan y canwr. Ei deitl yw 'Ysgogydd Cymanfaol', a'i waith yw, ceisio deall natur yr ymlyniad sy'n dal ym meddyliau'r bobl hyn mewn cwestiynau crefyddol, a cheisio gweld sut lun y gellid ei roi ar eu hymlyniad, ac i ba gyfeiriad y mae'n bosibl iddo ddatblygu neu gael ei ddatblygu. Gwna hynny ar ran Cymanfa Bedyddwyr Dinbych, Meirion a Fflint, sydd â chronfa y gall ei defnyddio ar gyfer gwaith fel hyn. Yn Blaenau Ffestiniog y mae Tecwyn yn gweithio ar hyn o bryd. Pob clod i'r Bedyddwyr sy'n trefnu'r fenter hon, ond oni ddylai fod gan bob enwad heddiw ymgyrch os nad ymgyrchoedd felly - gorau oll ar y cyd ag enwad neu enwadau eraill - sydd yn chwilio am ba ffurfiau eglwysig a allai ymgorffori'r ymwybod ysbrydol Cristnogol na all ffurfiau presennol yr eglwys ei gadw a'i gynnal. Efallai mai'r cam cyntaf yw i gyfarfodydd eglwysig o bob math wahodd Tecwyn a'i debyg atynt — ac mae mwy a mwy o bobl felly ar gael bellach - i ddechrau trafodaeth ddifrifol iawn, iawn ar y wedd hon o'n cenhadaeth gartref.

Cwestiynau

1. A ydych chi'n adnabod pobl dda sydd wedi gadael eglwys? Beth yw'ch ymateb chi iddynt?
2. A all cwmni sy'n trafod y ffydd y tu allan i gapel fod yn unrhyw fath ar eglwys?

9. Teitlau i Iesu?

Bywyd Daearol Iesu

Mae mwy a mwy o sôn mewn rhai cylchoedd am fywyd daearol Iesu. Gallech gredu y byddai mwy na digon o sôn wedi bod erioed am hynny, ond nid yw hynny'n wir. Yn ei lythyron ef, deunydd cynharaf y Testament Newydd, a gafodd ddylanwad aruthrol ar Gristnogaeth, ni soniodd Paul yn ddigamsyniol am fywyd daearol Iesu ond un waith, pan ddywedodd yn ei lythyr at y Corinthiaid, wrth eu ceryddu am y ffordd y cynhalient y cymundeb, i Iesu '..y noson y bradychwyd ef, gymryd bara,...'. ! Cor. 11,11. Adeg Paul, yn y dyfodol yr oedd diddordeb Cristnogaeth.

Ond 'does fawr gan rai Cristnogion cyfoes i'w ddweud am fywyd daearol Iesu. Mae'r Athro N. T. Wright, cyn-esgob Durham, Athro Testament Newydd ym Mhrifysgol Caeredin nawr, a gŵr ceidwadol yn ddiwinyddol, wedi sôn am Gristnogion y byddai'n ddigon iddynt pe bai Iesu dim ond wedi cael ei eni o wyryf a marw dros ein pechodau – heb ddim rhwng y ddeubeth yna! Diolch i Dduw, medd Wright, bod awduron yr efengylau wedi ymddiddori yn *'the in-between stuff'*. Mae'n eironig meddai, bod y credoau'n cefnogi'r camddarlleniad hwn drwy osgoi trafod y Deyrnas - prif thema neges Iesu - ond fel dyfodol terfynol.

Doethineb

Mae hefyd mwy o barch heddiw tuag at un traddodiad yn y Beibl a esgeuluswyd yn llwyr bron gan Gristnogion yn y gorffennol, sef traddodiad doethineb. Mae Paul yn dilorni 'doethineb dynol' yn nechrau ei lythyr cyntaf at y Corinthiaid, (1,20), ond yn yr un ddadl mae'n galw Crist yn 'ddoethineb Duw' (1,24), a chysylltir Iesu â doethineb mewn mannau eraill yn y Testament Newydd (Luc 2.40, Marc 6,2, Mat 13,54.)

Ond bu Cristnogion erioed yn gystadleuol, ac un wedd ar hynny fu pwysleisio pethau mewn Cristnogaeth sy'n ei gwneud yn unigryw, ac anwybyddu'r hyn ynddi sydd gan grefyddau eraill hefyd – doethineb yn arbennig. Eithr yn y gwasanaeth yn Abaty Westminster yn gymharol diweddar i ddathlu teyrnasiad hir y Frenhines Elisabeth, canmoliaeth o ddoethineb o'r wythfed bennod o Lyfr y Diarhebion oedd un o'r darlleniadau, ac onid 'Doethineb' oedd teitl darn o fiwsig a gyfansoddwyd ar gyfer yr oedfa honno? Mae siŵr o fod yn werth nodi hefyd bod E. F. Schumacher, economydd i'r Bwrdd Glo 'slawer dydd, a ffrind i Gwynfor Evans, ar ddechrau ei glasur *'Small is Beautiful'* (1965) wedi dweud mai'r hyn sydd ei eisiau ar ein cyfnod ni yw rhywbeth na ŵyr hyd yn oed deallusion ein hoes ddim amdano, sef doethineb.

Pan gysylltodd rhywun Iesu â doethineb mewn trafodaeth rhwng nifer o weinidogion dro'n ôl – dim ond ei gysylltu – parodd hynny i un o'r cwmni fynd ymhellach na'r sylw gwreiddiol yn ei ymateb, a dweud, 'Os gŵr doeth oedd Iesu, yna nid oes mo'i angen arnaf fi, eisiau Arglwydd i deyrnasu dros fy mywyd sydd arnaf fi, a Gwaredwr a fu farw er mwyn i'm pechodau gael eu maddau, mae digon o ddoethion mewn crefyddau eraill.' Onid oes rhaid gwylio wrth ddefnyddio'r hyn y tybiwn yw ein hangen ni, i benderfynu hunaniaeth Iesu?

Cyplyswyd y ddeuair Arglwydd, a Gwaredwr, â Iesu cynifer os nad fwy o weithiau nag unrhyw eiriau eraill. Mae 'Crist' wedi hen droi'n gyfenw i ni, wrth gwrs.

Teitlau

Gofynnais i mi fy hun ers hynny, beth pe bai ysgolheictod yn profi'n ddiwrthdro nad oedd Iesu nac yn Arglwydd na Gwaredwr, beth fyddai fy ymateb i? Wel, i ddechrau nid yw teitlau wedi fy nenu erioed. Gwn na allwn i, mwy na Carwyn James a sawl Cymro arall, adael i'm henw fynd ymlaen ar restr o anrhydeddau brenhinol – digwyddiad go anhebygol! Er, Seisnigrwydd oedd yn y fantol i Carwyn a'i fath, fe dybiwn i, nid teitl fel y cyfryw. Ond teitl fel y cyfryw fyddai'n boen i mi. Gwrandawaf weithiau ar ddarllediadau o Dŷ'r Arglwyddi yn San Steffan, a rhyfeddaf wrth eu clywed yno'n cyfarch ei gilydd mewn iaith mor flodeuog, ac yn arbennig wrth glywed menyw ifanc yno (o leiaf o'i chymharu â fi!) yn cael ei galw'n 'Farwnes'!

Perygl teitl yw creu pellter. Gall pellter rhyngom a rhywun a ganmolwn fod yn gyfleus i ni, heb yn wybod i ni efallai, yn yr ystyr y gall ein harbed rhag y gwir ganmol, sef efelychu. Y dyn mwyaf amyneddgar a adnabyddais i erioed oedd Dan Lewis, diacon yn yr eglwys gyntaf y gweinidogaethais iddi, sef Capel yr Onllwyn, yng Nghwm Dulais, cwm uchel, byr a chul rhwng Cwm Tawe a Chwm Nedd. Dan Lewis oedd prifathro ysgol y pentref hefyd. Yr oedd amynedd Dan mor ddiarhebol fel nad anghyffredin oedd clywed rhywrai yn y pentref yn dweud 'Fe hoffwn i pe bai amynedd Dan Lewis gen i'. Awgrymai'r geiriau yna nad oedd yn bosibl iddynt hwy gael amynedd Dan, ei fod ef wedi ei eni fel yna efallai, ei fod yn freiniol rywsut yn y rhinwedd hwnnw.

Holais Dan un diwrnod, sut un oedd ef yn ifanc, a chael mai athro â ganddo dymer gwyllt oedd ef bryd hynny, ond un diwrnod trawodd blentyn a'i anafu'n dost, a gan gywilyddio am a wnaeth dyma benderfynu bod yn ddyn gwahanol. Cymerodd amser iddo wella'n sylweddol meddai, ac wrth gwrs, o'r rhai a welai amynedd Dan wedyn prin iawn oedd y rhai a sylweddolai mai ffrwyth disgyblaeth hir oedd ei amynedd. Hynny yw, pe bai'r rhai a'i canmolai am ei amynedd mor eiddgar i fod yn amyneddgar ag y bu Dan, gallent hwythau feddu ei amynedd ef!

Pellter Rhyngom a Iesu

Mae canmol pobl mewn modd sy'n ei gwneud yn esgusodol i beidio ag ymdebygu iddynt yn arfer cyffredin. Ond oni ddigwyddodd peth tebyg yn hanes Iesu? Onid un o effeithiau ymarferol Athrawiaeth y Drindod (325) oedd gwneud Iesu'n gydradd â'r Tad? Gwir yw y lluniwyd yn ddiweddarach yr Athrawiaeth am ei berson a ddywed iddo fod yn ddyn yn ogystal â Duw, ond ni chafodd yr Athrawiaeth honno, Athrawiaeth Calcedon (451), ddim o'r dylanwad ymarferol a gafodd Athrawiaeth y Drindod – ac onid yw hynny'n dal yn wir?

Delweddau'n Tynnu Iesu'n Nes

Ychydig yw'r delweddau o Iesu sy'n ei roi o fewn cyrraedd i ni. Ond flynyddoedd yn ôl ysgrifennodd Hans-Ruedi Weber, o'r Is-Almaen, lyfr am Iesu. Ysgrifennydd Adran y Lleygwyr yng Nghyngor Eglwysi'r Byd oedd Weber am amser. (Yn ystod y cyfnod hwnnw bu'n brif siaradwr un o gynadleddau Cymdeithas Ecwmenaidd Cymru yn Aberystwyth.) Yna aeth yn Ymgynghorydd Beiblaidd i'r Cyngor, gan deithio'r byd a gweld sut yr oedd Cristnogion ymhobman yn astudio'r Beibl.

Tair pennod oedd i'w lyfr, a theitl i Iesu uwchben pob pennod. Pe baem ni'n dewis teitlau i'r penodau hynny, pa deitlau a ddewisem? Iesu'r Meseia? Wrth gwrs. Ond teitl pennod gyntaf Weber oedd Iesu'r *'sage'*, Iesu'r gŵr doeth. Ni all yr un ohonom ni fod yn Feseia, a phrin y gellir ein galw'n ddynion doeth efallai, ond nid yw'n gwbl amhosibl i ni dyfu'n ddoethach. Beth am alw'r ail bennod yn Iesu'r Gwaredwr? Pam lai? Ond teitl Weber oedd Iesu'r Artist, gan godi sylw a wnaed gan ei gydwladwr, y peintiwr Van Gogh, a ddywedodd mai Iesu oedd yr artist mwyaf oll oherwydd gallai ef greu harddwch allan o'r deunydd mwyaf anaddawol, y natur ddynol bechadurus. Wel, ni allwn ni fod yn Waredwyr, ac efallai nad ydym yn artistiaid, ond gallwn i gyd weithio i wneud ein personau'n harddach. Teitl y drydedd bennod oedd Iesu'r croeshoeliedig. Prin y caiff neb ohonom ni ein croeshoelio, ond gallwn ddioddef ychydig dros yr hyn a gredwn, hyd yn oed os na olyga hynny mwy na rhoi 'llawer gormod' i achosion da. Yr oedd darllen llyfr a oedd, heb wadu dim am Iesu, yn dod ag ef ychydig yn nes, yn brofiad melys iawn, iawn i mi.

Teitlau Eglwysig

Rhyfeddod mawr i mi yw bod 'uchelwyr' Anglicanaidd a Phabyddol ac Uniongred, (i enwi ond rhai o'r prif enwadau), dilynwyr Iesu, yn derbyn teitlau iddynt hwy eu hunain fel 'Gwir Barchedig'. Gwrthodai'r Ymneilltuwyr cyntaf y teitl 'Archesgob' am nad yw yn y Beibl, ond ymddengys bod 'Archesgob Cymru' yn deitl sydd wrth ddant y *Westerm Mail* – eithr mater arall yw hynny. Mae adegau prin pan fo lle i'r teitl 'Parchedig' (a gyfieithiwyd – yn gywir? - gan yr awdur Caradog Evans yn *'Respected'*), fel pan fo eisiau tynnu sylw at waith bob dydd offeiriad neu weinidog - fel y gelwir meddyg heb ddoethuriaeth academaidd yn *'doctor'*. Cyflwynwyd teitl i mi unwaith heb i mi wybod! Corff difrifol a gwylaidd a wnaeth hynny, ac er i mi sôn wrth ei swyddogion am ei wrthod, yn y diwedd bernais mai anghwrteisi fyddai cefnu ar eu hewyllys da a'r mater wedi ei gyflawni eisoes, ond ceisiaf gyfyngu'r defnydd ohono at gofnodi ffurfiol, a bwcio ystafell mewn gwesty, a cheisio cael ambell lythyr i mewn i'r *Western Mail*.

Iesu'n Arglwydd?

Ond at y teitl 'Arglwydd' i Iesu. Rhoddir y teitl hwnnw iddo uwchben yr adran y mae ef yn brif thema i'r emynau ynddi yn Caneuon Ffydd. Ond a fyddai ef yn dymuno cael ei alw'n Arglwydd? Byddai gan yr hen weinidog enwog o'r Alban, sefydlwr Cymuned Iona, George MacLeod, hawl i ddefnyddio'r teitl 'Arglwydd' (*Lord MacLeod of Fuinary*), ond ni ddefnyddiai'r teitl hwnnw fyth, gan sôn am *the sufficient title of 'Reverend'*. Anodd gen i gredu y byddai Iesu chwaith yn dewis cael ei alw'n Arglwydd. Yn ôl Diarmaid MacCulloch nid oes fawr o dystiolaeth yn yr Efengylau bod Iesu ei hun erioed wedi derbyn unrhyw deitl arbennig, beth bynnag y byddai eraill yn ei alw.

Os cofiaf yn iawn yr hyn a ddysgwyd i mi yn y coleg, un o deitlau Ymerawdr Rhufain oedd y gair Groeg '*kurios*', sef Arglwydd, ac ystyr dweud bod Iesu'n Arglwydd ar y dechrau oedd dweud mai efe, a ddirmygwyd ac a gurwyd, ac a groeshoeliwyd rhwng dau leidr, oedd yr awdurdod terfynol, nid Ymerawdr Rufain yn ei holl rwysg a bri. Ond wrth alw Iesu'n *kurios*, yn Arglwydd, onid oedd perygl o'r dechrau y byddai cymhwyso nodweddion poblogaidd Ymerawdr Rhufain i Iesu'n debycach o ddigwydd dros amser nag ailddehongli'r teitl yn nhermau gwyleidd-dra a gwarth tynged ddaearol Iesu? Ac onid oedd hynny'n llawer tebycach o ddigwydd wedi'r briodas rhwng Ymerodraeth Rufain a'r Eglwys Gristnogol o dan Cystennin? Prin y byddai swyddogion yr Ymerodraeth a wnaeth Iesu'n Dduw'r Ymerodraeth, yn or-daer i bwysleisio ei ddioddefaint a'i warth gan mai'r Ymerodraeth a achosodd hynny!

Mae rhai Cristnogion na allant wahanu'r gair Arglwydd oddi wrth yr enw Iesu, 'Yr Arglwydd Iesu' yw iddynt bob amser. A oes elfen o'n dyrchafu ni ein hunain wrth roi'r teitl Arglwydd i Iesu? Hynny yw, y mae'n harweinydd **ni** yn Arglwydd!. Ond ai clodfori ei wyleidd-dra a wneir wrth wneud hynny, neu ei ddyrchafu fel 'ymerawdr ysbrydol'? Mae'n ddigon naturiol i Gristnogion fod yn awyddus i ddyrchafu eu hathro a'u harweinydd, ond sut, ac am beth, a pham? Rhaid bod yn ofalus rhag i ni ei ganmol am bethau na fynnai ef fyth ac yn dragywydd gael ei ganmol amdanynt. Gallai hynny'n rhwydd fod yn rhan o waddol y cyfnod Cysteninaidd. Yn ddiweddar darllenais am rywun yn codi'r cwestiwn, beth pe bai golchi traed yn brif sacrament yr Eglwys yn lle'r cymundeb – yr offeren i'r Pabyddion? Gallai fod yn sacrament trwsgl, ond oni wasgai arnom rywbeth annatod oddi wrth anian Iesu nad yw ysblander ambell offeren o raid yn ei gyflwyno?

Ond mae galw Iesu'n Arglwydd yn awgrymu natur perthynas Iesu â ni hefyd, wrth gwrs. Eithr i mi mae'r berthynas y mae'n ei awgrymu'n annhebyg i'r un sydd rhyngof a Iesu nawr, un yw honno nad oes yr un awgrym o waseidd-dra ynddi. Rhyfeddod mawr a gwyrth bywyd ffydd i mi yw fod yr Iesu dewr a chywir a glân a gonest yn gallu peri i fi deimlo'n gysurus ag ef mewn perthynas. 'Yr wyf wedi eich galw'n gyfeillion', meddai wrth ei ddisgyblion cyntaf. (Ioan 15, 15).

Iesu'n Waredwr?

Soniodd y brawd a nodais hefyd am Iesu fel Gwaredwr. A barnu oddi wrth ysgrifau ganddo, ystyr Gwaredwr iddo ef yw un sydd yn ôl cynllun Duw, wedi ei ddanfon i'n byd i dderbyn y gosb sy'n ddyledus i ni am ein pechodau, fel y gallwn ni sy'n edifarhau ac yn credu ei fod ef, Iesu, wedi marw drosom ar y groes, dderbyn maddeuant Duw yn rhad. Onid rhyw fath ar amrywiaeth ar y patrwm sylfaenol yna yw ystyr Gwaredwr nid yn unig i drwch Cristnogion ein byd ddoe a heddiw, ond hefyd i bobl y tu allan i'r ffydd Gristnogol? Ac onid yw hynny eto'n broblem? I ddechrau, fel y dywedais yn y bedwaredd bennod uwchben, ar 'Troeon Maddeuant', mae Duw'n maddau yn yr Hen Destament. Dyma rai dyfyniadau'n ychwanegol at y rhai a roddais yno – 'Maddeuaist gamwedd dy bobl, a dileu eu holl bechod' (Salm 85,2), a 'Ni wnaeth â ni yn ôl ein pechodau..'.(Salm 103.10), A beth am gais Iesu i Dduw faddau i'r rhai a'i croeshoeliodd, er nad oes awgrym eu bod wedi addef eu bai? Sut felly y gellir clymu maddeuant Duw wrth ein hedifeirwch ni a chroeshoeliad Iesu, a galw Iesu'n Waredwr ar sail hynny? O leiaf mae eisiau ailddiffinio'r gair hyd yn oed ar y rhai y mae'n rhan annatod o'u ffydd bellach.

Dynoliaeth Iesu

I lawer o Gristnogion, mae rhai pethau sy'n ymddangos yn fwy 'crefyddol' na phethau eraill. Gall credu fod y Beibl yn wir bob gair, a chredu ym mhob gwyrth yn y Beibl o ganlyniad, a chredu yn nwyfoldeb Iesu gan esgeuluso ei ddynoldeb, fod ymhlith y rheini. Tueddiadau felly y mae rhai Cristnogion yn ymgolli ynddynt. Byddwn i'n galw hynny'n 'grefyddolder'.

I mi, hyfrydwch o'r mwyaf yw clywed am ddynoliaeth pobl fawr yn gyffredinol. Gwybodaeth melys a glywais am Nelson Mandela wedi ei farw, oedd rhywbeth a ddywedodd ei wraig, sef bod amser hir Mandela yn y carchar wedi ei wneud yn un araf ac anfedrus ar ddiwedd ei oes wrth gyffwrdd ag eraill, hyd yn oed ei wyrion. Byddai hi felly, pan welai ŵyr yn nesu ato, yn cymryd llaw yr ŵyr a'i rhoi yn llaw Mandela. Byddai Mandela yn hapus i afael yn llaw ei ŵyr ond nid ei reddf bellach oedd estyn allan ato ei hunan. Ac mae clywed rhywbeth dynol a chyffredin am Iesu'n amheuthun i mi. 'Rwyn cofio'r bodlonrwydd a deimlais, wedi credu am hydoedd bod Iesu'n enw unigryw, pan ddysgais mai ffurf ar Josua yw, a'i fod yn enw cyffredin heddiw yn y Dwyrain Canol. Difyr iawn hefyd oedd darllen sylw dro'n ôl gan Americanes, Marilyn McCord Adams, Athro Diwinyddiaeth yn Rhydychen ar y pryd, yn dweud nad oedd yn anodd ganddi hi gredu bod Iesu'n blentyn wedi ateb ei fam 'nôl weithiau!

Yn hwyr yn y dydd y gwelais i'r adnodau yn Llyfr yr Actau sy'n dweud bod Paul yn y carchar yn Jerwsalem un tro wedi ei rybuddio bod rhai Iddewon y tu allan yn aros iddo gael ei ryddhau er mwyn ymosod arno. A phwy a ddaeth â'r wybodaeth yna i mewn i'r carchar, ond 'mab i chwaer Paul'. (23,16) Beth oedd ei enw a'i oed ni chawn wybod, ond yr oedd yn rhyddhad rhyfedd i mi i sylweddoli bod Paul o Darsus, gŵr y mae'n rhwydd teimlo'n bell oddi wrtho, rhwng ei ddioddefiadau dros ei ffydd, a'i ddycnwch cenhadol, i un dyn ifanc mae'n rhaid, nid yn 'apostol mawr y cenhedloedd', ond yn 'Wncwl Paul, brawd mam'. Mae gen innau chwaer, mae ganddi hithau fab, ac ni fu Paul yn union yr un fath i mi fyth ers gweld yr adnod yna.

Y disgrifiadau am Iesu sydd wrth fy modd i yw'r rhai sy'n ei arddel, fel y tybiaf fi y byddai ef eisiau cael ei arddel. Disgrifiadau sy'n fy nhynnu innau'n nes ato, heb i mi fynd yn hyf arno. 2507

Cwestiynau

1. Ydych chi'n gweld Cristnogaeth yn gystadleuol mewn rhyw ffordd heddiw?

2. A oes rhai o'r teitlau a rown i Iesu'n ei yrru'n rhy bell i chi?

10, Rhyfeddod a Rhamant

Gwyrthiau a'r Ysgol Uwchradd

Pan oeddwn i'n grwt, dadleuem yn yr Ysgol Sul byth a hefyd am wyrthiau. Dadleuai'r athro drostynt yn enw'r Beibl, a ninnau'r disgyblion yn eu herbyn yn enw'r olwg wyddonol newydd ar bethau a gaem drwy'r ysgol uwchradd.

Bryd hynny yr oedd diffinio gwyrth yn rhwydd. Byd '*block and tackle*' Isaac Newton oedd hi o hyd, yr oedd deddfau clir gan natur, a gwyrth oedd goresgyn un o'r deddfau hynny. Gwyrthiau Iesu a drafodem gan amlaf yn yr Ysgol Sul, a gwahaniaethem rhwng y rhai a dorrai ddeddfau natur, fel troi dŵr yn win, a cherdded ar y môr, a rhai na thorrai ddeddfau natur o raid, fel iachâu pobl o ambell glefyd. Gwnâi hynny hi'n haws i rai nad oeddent yn gysurus yn gwadu gallu Iesu i gyflawni gwyrthiau, i beidio â bod yn gwbl anghrediniol, gallent wrthod y cyntaf a derbyn y lleill.

Newid Hinsawdd

Erbyn hyn, mae beirniadaeth Feiblaidd wedi codi cwestiynau am o leiaf nifer o wyrthiau yn y Beibl. A gyda datblygiad y byd is-atomaidd, a'i electronau a'i brotonau ac ati, nid yw mor glir beth yw deddfau natur. Canlyniad i hynny'n rhannol mae'n siŵr, yw nad oes cymaint o sôn ag a fu am wyrthiau yn y byd gorllewinol. Mae'n wir y clywn y gair gwyrth weithiau o hyd. Os daw rhywun allan yn ddianaf o ddamwain car erchyll er enghraifft, gall rhai ddweud bod hynny'n wyrth, ond yn aml heb roi fawr os dim arlliw crefyddol i'r gair.

Darllennaf adolygiadau o lyfrau diwinyddol, ac ar wahân i lyfr diweddar Elfed ap Nefydd Roberts, 'Dehongli'r Gwyrthiau', ni welaf y gair gwyrth mewn teitl llyfr y dyddiau hyn. Trafod 'rai o wyrthiau Iesu' a wna Elfed, ond mae'n trafod y syniad o wyrth hefyd. Derbynia ddilysrwydd hanesyddol yr hanesion y mae'n eu trafod, er nad yw'n gwasgu hynny ar bawb arall, ac yn y diwedd, nid dilysrwydd hanesyddol yw nodwedd bwysicaf gwyrth iddo, ond y goleuni a deifl ar berson a gwaith Iesu.

Ailddiffinio

Tybed a yw'r gair gwyrth yn cael ei ailddifinio heddiw ym meddylfryd llawer o Gristnogion. I Gymru Cymraeg, y dystiolaeth amlycaf o hynny efallai fyddai emyn eithriadol Rhys Niclas - 'Tydi a wnaeth y wyrth O Grist fab Duw...'. Enillodd hwnnw sawl cystadleuaeth gan 'Dechrau Canu Dechrau Canmol' i ddewis 'Emyn i Gymru.' Eithr ystyr 'gwyrth' yn yr emyn yw, nid torri un o 'ddeddfau natur', ond 'cael blas ar fyw'!

Yn Saesneg, mae gair nad yw'n annhebyg i'r gair gwyrth yn yr ystyr a roddir iddo yn emyn Rhys Niclas, yn cael cryn sylw y dyddiau hyn, sef y gair '*enchantment*'. Mae llyfr gan Dave Tomlinson, siaradwr yng nghynhadledd Cristnogaeth 21 rhai blynyddoedd yn ôl, *Re-Enchanting Christianity,* a chafwyd llyfr gan Richard Harries, *The Re-Enchantment of Morality*, ac un arall gan Americanwr, C. Mathews Samson, *Re-Enchanting the World.* Mae'r bydoedd y sonia'r rhain amdanynt wedi colli rhyw ramant sy'n eiddo hanfodol iddynt meddant, a dywedant bod angen adennill y rhamant hwnnw.

Colli Rhamant

Nid yw'n anodd meddwl am resymau pam y collwyd rhamant yn ein byd ni. Dyna'r Aroleuad, y mudiad meddyliol yn Ewrob yn yr ail ganrif ar bymtheg a geisiodd gael gwared ar bob dirgelwch. Dyna'r rhesymoliaeth yn Ffrainc yn y ddeunawfed ganrif yn dilyn amheuaeth Descartes, a esgorodd ar siniciaeth, llawer ohono'n 'siniciaeth iach', ys dywedodd Yr Athro Tudur Jones un tro. Dyna'r mudiadau mecanyddol a chyfalafol yn y bedwaredd ganrif ar bymtheg ddiwydiannol, a phrysurdeb a phellter oddi wrth natur yn yr ugeinfed. Eto, tri meddyliwr mawr yn yr ugeinfed ganrif a wnaeth gyfraniadau pwysig i'r byd meddyliol oedd Freud, Marx a Nietsche, ond er cydnabod hynny, galwodd Rowan Williams hwynt yn '*Masters of Suspicion*'.

Aeth meistroli'r byd yn brif agwedd ein bywyd cyfoes, a'n rhwystro ni rhag clywed yr hyn a alwyd mewn teitl llyfr gan gymdeithasegydd Americanaidd, Peter Berger, *A Rumor of Angels* – sef negeseuon o fyd arall sy'n dod atom ni drwy'n profiadau o'r byd hwn. Teitl yr erthygl y soniodd Rowan Williams ynddo am '*Masters of Suspicion*' oedd '*The Suspicion of Suspicion*' – hynny yw, daeth yr amser, medd Rowan Williams, i ni amau amheuaeth. Golyga hynny fod yn agored i dderbyn negeseuon gwahanol eu naws a all ddod atom, drwy brofiadau cyffredin bywyd, plentyn yn cael ei eni, munud dawel, wynebu poen, golygfa naturiol, perthynas agos, neu hyd yn oed 'dim ond' y profiad o fod yn fyw!

Profiadau Anghyffredin

Ond mae profiadau anghyffredin mewn bywyd hefyd. Un diwrnod euthum lawr i Goleg Abertawe i gwrdd â chyfnither i mi a oedd yn sefyll arholiad. Gwelais hi, yn ôl ei chais hi, y tu allan i'r ystafell arholi, a phan ddaeth yn amser iddi hi fynd mewn, dymunais yn dda iddi, ond ychwanegais, 'Aros eiliad'. Yna plygais, tynnu planhigyn o'r gwair y safem arno, ei roi iddi heb edrych arno, ond edrychodd hi arno, a dywedodd - deallai Gymraeg ond fe'i maged yn Llundain – *This is a four-leaved clover'*. Beth a wnawn ni o brofiad felly?

Flynyddoedd wedyn cefais brofiad llawer mwy cymhleth. Mynd o gwmpas y byd wrth fy hun yr oeddwn, ac yn aros ar y pryd gyda David Turyagwmanawe, caplan mewn ysgol uwchradd yn nhref Rukunjiri yn Wganda. Yr oeddwn wedi ei gyfarfod pan weithiwn i yn America ac astudiai ef gerllaw. Ar y nos Sadwrn dywedodd ef y byddai'n mynd â fi drannoeth.i 'eglwys yn y wlad'. Yn union cyn cysgu gwawriodd arnaf y byddai disgwyl i mi bregethu efallai, fod David o bosibl yn cymryd hynny'n ganiataol, gan fy mod yn bregethwr o wlad mor bell. Gallwn ofyn iddo, clywn ef yn symud o gwmpas. Ond yr oedd ef mor ystyriol ohonof fel yr ofnwn pe bai'n gorfod dweud na, y gallai boeni 'mod i wedi cael siom.

Codais a gofyn iddo am Feibl i mi allu chwilio am destun a roddai o leiaf gyfeiriad i mi. Disgwyliais i hynny gymryd amser, ond – nid oes ffordd arall i'w ddweud – agorais y Beibl, troi un ddalen, a neidiodd brawddeg allan ataf, o Effesiaid 4,15. *'grow up in all things into the Lord'*. Ni welswn y geiriau o'r blaen, ac er holi pregethwyr eraill ers hynny, ni chefais yr un eto a oedd yn adnabod y geiriau yna.

Ond yr oedd yn berffaith i'm hangen i ar y pryd. Yr oedd AIDS yn rhemp yn Wganda, gallwn ddweud wrth yr ifainc yn y cwrdd, gofelwch am eich hunain yn rhywiol fel y byddwch yn rhieni iach, byddai hynny wrth fodd Duw, fe fyddai hynny'n *'growing up into the Lord'*. Yr wythnos flaenorol gwelais yn yr *International Herald Tribune* – cyfaill teithwyr byd – bod y gwleidydd cyntaf o Wganda i wneud hynny newydd gadeirio un o bwyllgorau'r Cenhedloedd Unedig yn Genefa. Gallwn ddweud bod Wganda, wedi tristwch llywodraethau Obote ac Amin, yn ailymuno â theulu cenhedloedd y byd – yr oedd hynny'n fath ar *'growing up into the Lord'* cenedlaethol.

Drannoeth, teithio ar hyd ffordd arw, yna gweld yr eglwys o bell. Ysgwyd llaw â'r offeiriad lleol (eglwys anglicanaidd oedd hi), cerdded lawr ale o bridd, ef a David a minnau, heibio ffenestri heb wydr. Nifer o ffwrymau yn y blaen i'r addolwyr. Dim ar y waliau, heblaw am lun uwchben yr allor dlawd. Gyda hyn gwelwn mai brodwaith oedd y llun, a geiriau arno. Ychydig gamau eto a gallwn ddarllen y geiriau – *'Grow up in all things into the Lord, Ephesians 4,15.'* Ie, fi oedd i bregethu, a phregethais wedi fy nrysu gan y gyfatebiaeth rhyfedd rhwng fy nhestun a'r brodwaith. Ond yr oedd pregeth y cyfieithydd yn hirach na'm pregeth i, ac ni allai ef ond gwella arni! Yn fy syndod ni ofynnais i'r offeiriad pam y dewiswyd yr union eiriau yna ar y brodwaith.

Faint o ryfeddodau sydd mewn bywyd? Mwy, fe ddywedwn i, nag y bydd y mwyafrif yn ei ddychmygu. A yw pawb yn cael profiad rhyfedd neu ddau? Ni fyddai'n anodd gen i gredu hynny, ond nad yw pobl yn talu fawr o sylw iddynt, yn eu cael yn embaras efallai, fel pe gallai eu cydnabod beri iddynt swnio'n hygoelus. Ac heb fedru gweld arwyddocâd iddynt, gallant eu hystyried yn 'gyd-ddigwyddiadau'. Y mae'r fath beth â chyd-ddigwyddiad wrth gwrs, ac felly rhaid bod yn ochelgar, ond ni ellid, hyd y gwelaf fi, alw'r ddau brofiad y soniais amdanynt uchod yn gyd-ddigwyddiadau. Mae eu harwyddocâd yn ddirgelwch i mi, ond o leiaf fe'm hatgoffant nad mewn byd heb ynddo ddim dirgelwch yr wyf yn byw, a dylai hynny fy ngwneud yn agored a gwylaidd wrth ymateb i'r cread y'm gosodwyd ynddo. Cofiaf hefyd mai yn niwylliant ysbrydol y Dwyrain Canol y ganed yr Efengyl, a bod y Cristnogion cyntaf, wrth genhadu, wedi gorfod troi o Aramaeg, iaith y diwylliant ystwyth hwnnw, y diwylliant y maged Iesu ynddo, i iaith y diwylliant resymegol Groegaidd o'u cwmpas. Mae'n bosibl felly y gall rhoi lle i brofiadau dieithr fod yn gymhwyster ar gyfer gwerthfawrogi naws yr Efengyl yn ei llawnder cyntaf.

Perygl Profiadau Anghyffredin

Yn anffodus, gall profiadau anghyffredin fynd â bryd rhai mathau ar Gristnogion, gan esgor ar ffydd anaeddfed ynddynt, ffydd a moesoldeb yn elfen wan ynddi, os y bydd ynddi o gwbl. Dro'n ôl gwelais mewn cyfnodolyn enwadol, bregeth wedi ei llunio ar gyfer argyhoeddi plant bod Iesu'n ddwyfol – ond dadleuon gwyrthiol oedd y dadleuon bob un, gwyrthiau a gyflawnwyd drwy Iesu a gan Iesu - ei atgyfodiad, ei iachau o gleifion.. A dim un gair am ei ddywediadau, neu ei ddamhegion, neu deyrnas Dduw, dim sôn am ei gariad at eraill, yn arbennig pobl difreintiedig, na'i ddewrder anhygoel, na'i ffyddlondeb diwyro, dim awgrym bod Iesu hyd yn oed yn meddu ar werthoedd moesol!

Sonais eisoes am ddatganiad N. T. Wright, cyn-esgob Durham, Athro Testament Newydd ym Mhrifysgol St. Andrews yn yr Alban nawr, a cheidwadwr yn ddiwinyddol, y byddai'n ddigon i lawer o Gristnogion, pe bai Iesu wedi ei eni o wyryf a marw ar y groes heb wneud fawr ddim rhyngddynt.

Achos siom i mi yw erthyglau Cymraeg sy'n cadarnhau sylw Wright. Wrth gyfeirio at y ddeubeth a enwodd Wright, er enghraifft, ni soniant am dystiolaeth llawn yr efengylau. Wrth sôn am eni Iesu, ni soniant am hanesion Beiblaidd ynghylch genedigaethau arbennig eraill, nac am arwyddocad hynny, heb sôn am bwyslais mawr Luc ar un o'r genedigaethau hynny, geni Ioan Fedyddiwr. Felly hefyd wrth sôn am farw Iesu. Dyma lythyr o'm blaen o bapur dyddiol yn Lloegr, yn dweud nad un darlun esboniadol yn unig ar farw Iesu sydd yn y Testament Newydd, ond pump o leiaf – (a) aberth, o'r byd crefyddol Iddewig (Effes 5:2); (b) prynedigaeth, o'r farchnad mewn caethweision (Marc 10:45); (c) cyfiawnhad, o'r byd cyfreithiol, (Actau 13.3); (ch) buddugoliaeth, o faes y gad (Col 2.15): a (d) cymod, o fyd y teulu (2 Cor 5.17–20). Cipolwg yn unig yw'r darluniau hyn medd awdur y llythyr, gweinidog o Fryste, ar wirionedd sy'n aruchel y tu hwnt i'n gallu i'w esbonio. Ond does dim sôn am y cyfoeth Beiblaidd hwn yn y math ar erthyglau y cyfeiriais atynt. Rhoddant yr argraff nad oes dim darllen na myfyrio yn gefn iddynt, a bod y cynnwys wedi ei lyncu ond heb ei dreulio.

Tuedd i Gulhau a Bychanu

Mae tuedd yn y natur ddynol, rhyw ynni ar gerdded ynom weithiau sydd â'i ogwydd tuag at gyfyngu ar ein deall o bethau. Ddechrau'r ganrif ddiwethaf yr oedd y gred yn gyffredin ymhlith meddylwyr blaenaf ein diwylliant nad oedd dim un problem na allai dynoliaeth ei datrys, o leiaf mewn egwyddor. Ond gyda hyn daeth y Ffrancwr Gabriel Marcel, a dangos bod math ar broblem nad oedd meddylwyr yr oes yn ei hystyried. Siarad a wnaent hwy am broblemau a aent yn llai wrth eu datrys (fel jig-so), ond soniodd ef am broblemau a alwai'n 'ddirgelion', a fyddai'n mynd yn fwy po fwyaf y gwyddom amdanynt. Problem felly, i Marcel, fyddai heddwch. Ni allai neb fyth ddweud am heddwch, 'Dyna ni, yr ydym wedi datrys problem heddwch nawr, 'does dim eisiau i ni dreulio dim amser pellach ar y pwnc hwnnw, gallwn symud ymlaen at broblem arall.' Mae'r un duedd i'w gweld yn osgo rhai tuag at yr Efengyl, eu gogwydd yw ei chulhau, a thrwy hynny ei lleihau, ei bychanu.

Y Gwrthwyneb

Y gwrthwyneb i'r duedd ddynol tuag at gulhau a bychanu (os nad crebachu) yw ystyr *re-enchantment* i David Tomlinson. Offeiriad mewn eglwys anglicanaidd yn Llundain yw ef sydd wedi gweithio llawer ymhlith pobl a adawodd eu heglwysi am iddynt gael profiadau annymunol ynddynt, pobl yn gweld eglwysi cyfoes fel mannau negyddol, a niweidiol, ac eto sydd â diddordeb mewn materion ysbrydol.

Un wedd ar neges llyfr Tomlinson *Re-enchanting Christianity* yw ailddarganfod rhyddid yr efengyl drwy drechu siniciaeth ac anghrediniaeth a chulni ein hoes - nid er mwyn gallu credu popeth, ond er mwyn gallu dewis beth a adawn i'n cyfareddu. Ond i ni allu bod yn rhydd i wneud y dewis hwnnw rhaid i ni adeiladu eglwysi sy'n agored i holl rychwant a gobaith yr efengyl ac yn llawn awydd i flasu a mwynhau bywyd yn ei amrywiaeth a'i gyfoeth cyfan.

Gormes Undonedd

Un o'r dylanwadau sy'n niweidiol i fywyd yn ei agweddau uchaf, sy'n niweidiol i ddychymyg a gobaith a llawenydd a chariad, yw undonedd, yn ffurf rhigolau.o wahanol fathau sy'n caethiwo egni bywyd ac yn ei dynghedu, ei gondemnio, i rygnu. Anodd credu mor gaethiwus y gall y fath ormes fod, ond ar y llaw arall anodd credu cymaint y gall newid ryddhau'r ysbryd dynol. Dyma hanesyn sy'n goleuo'r caethiwed a'r newid.

Rai blynyddoedd yn ôl aeth meddyg ag ugain o ddynion a menywod a oedd yn byw mewn cartref i hen bobl, i lan y môr am wythnos. Nid oedd yr un ohonynt wedi gadael y cartref ers amser maith, ac nid oedd neb wedi clywed yr un ohonynt yn yngan yr un gair ers tro byd. Ond cyn pen yr wythnos yr oedd deuddeg ohonynt wedi siarad! Gall bywyd dyddiol a'i batrymau fynd yn ormesol ac mae ar bawb ohonom eisiau toriad arno o bryd i'w gilydd. Nid mater dibwys yw gofalu hyd y gallwn bod lle i fentro ac anturio yn ôl ein gallu yn ein bywyd bob dydd, mynd allan am dro, dathlu gwyl, mynd ar wyliau, cwrdd â phobl wahanol i ni. Ond mae eisiau'r ysbryd hwnnw yn ein heglwysi hefyd, ysbryd newid a mentro ac anturio.

Codi Cwestiynau

Wrth ddarllen yr efengylau pa ddydd, fe'm trawyd gan thema na sylwais o'r blaen ei bod yn arwain at yr ysbryd newid a mentro ac anturio hwnnw y mae ei angen ar ein heglwysi heddiw, sef 'codi cwestiynau'. Dechreuais amau bod codi cwestiynau yn nodweddu'r Efengyl ei hun, a dyma fynd drwy'r Efengylau i weld a oeddwn yn iawn. Dechrau ag Efengyl Mathew, yr Efengyl gyntaf o ran trefn, a chael ugain cwestiwn yn y ddeg pennod gyntaf. Dipyn o syndod gan mai'r Bregeth ar y Mynydd yw tair o'r penodau hynny, penodau y disgwyliech ddim ynddynt heblaw datganiadau - onid dyna yw pregethu? Ond wedi ymchwilio ymhellach eto rhyfeddais at nifer y cwestiynau a ofynnodd Iesu i'w wrandawyr. Ond bydd rhai pregethwyr yn pregethu, a rhai Cristnogion yn byw, heb godi nac ystyried cwestiynau. Y ffydd sydd ganddynt – gwahanol i feddylfryd Iesu - yw ffydd sy'n ateb pob cwestiwn a ystyriant hwy o bwys ar ei ben yn glir a phendant.

Ymhlith y grasusau, gras y dylem fod yn eiddgar am ei gael, ac yn dra diolchgar amdano o'i gael, yw'r gras i ymryddhau oddi wrth bob undonedd ymarferol a chaethiwed syniadol sy'n cyfyngu, sy'n lleihau, sy'n bychanu, sy'n credbachu'r Efengyl, fel rhigolau, anwybodaeth, myfïaeth, rhagfarn, enwadaeth, llwytholdeb, plwyfoldeb. Bydd gras felly'n caniatáu i ni'r rhyddid i godi cwestiynau fel y gallwn fod yn agored i werthfawrogi ac i elwa oddi wrth holl brofiadau dyrchafol bywyd, boed gyffredin rhyfeddol neu anghyffredin rhyfeddol, a thrwy hynny gael ein cymhwyso nid yn unig i werthfawrogi'r Efengyl, ac i ddweud amdani, ond i'w hymgnawdoli yn ei chyflawnder.

Cwestiynau

1. Beth fyddai rhamant yr efengyl i chi?
2 Beth yw'r profiad rhyfeddaf a gawsoch chi erioed?

11 Diwinydda yn y Gymru Gymraeg Anghydffurfiol Heddiw

Yn ei lyfr 'Lloffion ym Maes Crefydd' (2007), soniodd Robert Pope am brinder diwinydda yn Gymraeg heddiw. A cholegau diwinyddol wedi cau, mae'r Gymru Gymraeg yn brin o ddiwinyddion. A gan fod diwinyddiaeth wedi newid yn fawr yn sgîl troeon meddyliol yr ugeinfed ganrif, gadawyd gweinidogion a addysgwyd heb glywed am y rheiny, yn hesb yn ddiwinyddol, ac arweiniodd hynny at dlodi diwinyddol yn ein plith sy'n amlwg yn y papurau enwadol a'r cylchgronau Cristnogol.

Gynt, gwrywod gwyn academaidd dosbarth canol, o ganol Ewrop, fel Barth, Brunner a Bultmann, oedd prif ddiwinyddion Protestaniaeth, a chytunent ar y prif bynciau diwinyddol. Nawr deuant o bob rhyw a chwr a chefndir, a diwinyddiaethau a geir, nid diwinyddiaeth. Aeth rhai, fel diwinyddion rhyddhad, i gyfeiriadau newydd, gan ddechrau, yn eu hachos hwy, â phrofiadau pobl dan ormes. Anwybydda'r rhain egwyddorion a ystyriodd Protestaniaid yn waelodol, fel gwahanu gweithredoedd a ffydd. Haerai Martin Luther nad oedd Efengyl yn Epistol Iago, ond ym marn diwinyddion rhyddhad, mae'r pwyslais ar yr amddifaid a'r gweddwon anghenus ynddo (1,28) yn Efengyl. Heddiw felly, am hanes, litwrgi, defosiwn ac esboniadaeth yr ysgrifenna Cymry a fyddai wedi trafod diwinyddiaeth 'slawer dydd. Ond mae tair prif safbwynt diwinyddol yn y Gymru Anghydffurfiol Gymraeg heddiw.

1 Efengyleiddiaeth-Ceidwadol

Caiff nifer eu denu at y safbwynt hwn, oherwydd ei bwyslais Beiblaidd, symlrwydd a chysur ei gred, blaenoriaeth y goruwchnaturiol ynddo, sêl ei ffyddloniaid, eu parodrwydd i weithredu, a gwres eu cymdeithas unffurf - er bod cymunedau heb arweiniad ffurfiol, ac sy'n gwneud gosodiadau niferus, yn agored i anghydfod. Gall negeseuau amwys Cristnogion eraill yrru rhai at y garfan hon hefyd. Dyma sylwadau ar y safbwynt hwn.

(a) Mae'r gred yn anffaeledigrwydd y Beibl yn nodweddu trwch efengylwyr-ceidwadol Cymru. Yn ei ffurf gyfoes cred ddiweddar yw hon, ac o ran naws cyfetyb i'r meddwl gwyddonol y mae'n ymateb rhannol iddo. Weithiau ceisiant ei gwreiddio yn y Beibl, ond gwnânt hynny'n drwsgl, gan na cheir y gred yn y Beibl, a dangosodd ysgolheigion fel James Barr na ellir tadogi awdurdod cydradd i bob adnod. (Cwyd hen gwestiwn athronyddol, sef beth a dderbynient yn brawf nad yw'r Beibl yn anffaeledig.)

Yn ôl Keith Ward, Athro Diwinyddiaeth yn Rhydychen, a wahoddir i siarad yng nghynadleddau efengylwyr-ceidwadol (yn Lloegr), **oherwydd** nad yw'n un ohonynt meddai, sail y gred yw'r argyhoeddiad (anFeiblaidd) nad ymddiriedai Duw ein hiachawdwriaeth i gyfrol 'ffaeledig'. Yma a thraw arweiniodd yr agwedd hon at y Beibl at drais, fel bomio clinigau erthylu yn America. Mae hynny'n bell oddi wrth ethos efengyleiddiaeth-geidwadol Gymraeg, ond geilw'r ysgolhaig Beiblaidd Americanaidd Walter Brueggemann yr agwedd ffwndamentalaidd ei hun yn *'coercive'!*

Arweiniodd llythrenoldeb Beiblaidd at ymatebion cibddall i faterion cymdeithasol hefyd. Dangosodd Mark Noll, efengylwr-ceidwadol sy'n Athro Hanes Eglwysig ym Mhrifysgol Babyddol *Notre Dame* ger Chicago, fod llawer o efengylwyr-ceidwadol, adeg y frwydr ynghylch caethwasiaeth yn America, wedi cefnogi caethwasiaeth oherwydd pethau a ddywed y Beibl am gaethweision (gw. Eff 6,5), heb weld adnodau fel geiriau Iesu yn Luc 4.16 'Y mae Ysbryd yr Arglwydd arnaf..Y mae wedi fy anfon i gyhoeddi rhyddhad i garcharion.... '

(b) O'r dewis yn y Beibl rhwng ymbellhau oddi wrth bobl gwahanol i ni'n ddiwinyddol, neu estyn allan atynt, y gyntaf yw eu dewis arferol yng Nghymru. Ond onid croesi ffiniau oedd neges Iesu? Bu'r Gorllewin ar y blaen i weddill y byd medd y diwinydd Miroslav Volff o Iâl, o achos grym syniadau a hogwyd mewn deialog.

Mewn araith yn Nhrydedd Gyngres Lausanne ar Efengyleiddio'r Byd, yn Cape Town (Hydref 2010), dyfynnodd Deon Diwinyddol Prifysgol Jos yn Nigeria y diwinydd Jurgen Moltmann, 'Diwinyddiaeth farw sy'n gwrthod deialog.' Yr oedd Cymry yno. Byddai'n ennill i ni i gyd pe bai ymestyn gorwelion efengylaidd-ceidwadol mewn cynhadledd fyd-eang yn ymledu i Gymru

(c) Tuedda diwinyddiaeth efengylaidd-ceidwadol fod, medd un diwinydd, yn *overly propositional.* Yn 1895, mewn cynhadledd yn Buffalo, talaith

Efrog Newydd yn America, diffiniwyd *fundamentals* yr efengyl gan efengylwyr-ceidwadol (gwraidd y gair ffwndamentaliaeth) mewn pump datganiad. Mae un ar ddeg yng Nghyffes Ffydd Cymrugyfan!

Mae hanes i'r duedd hon. Pan wareiddiodd Eglwys y Canol Oesoedd yr Almaenwyr a goncrodd Ewrob, dylanwadodd yr Almaenwyr ar yr Eglwys hefyd. Yn arbennig rhoddodd eu hoffter o gyfundrefnu eu deddfau, flas i Gristnogion ar gyfundrefnu eu Ffydd. Y penllanw Pabaidd oedd *Summa Theologica* Tomos o Acwin, a'r un Protestannaidd oedd *Institutio* Calfin. Mae *Church Dogmatics* Karl Barth hefyd yn bedair cyfrol ar ddeg! Gyda llaw, trôdd cyfoedion athronyddol Barth, fel Russell a Moore yn Lloegr, oddi wrth ysgrifennu cyfrolau'n dweud popeth, at erthyglau byr. Effeithiodd hynny ar y croeso a gafodd gwaith Barth yma a thraw. Cofiaf frecwasta gyda Heinrich Ott, olynydd Barth yn Basel, a gofyn iddo a ddarllenai ei fyfyrwyr waith Barth. Gyda gwên yr atebodd: 'Fawr o neb, a'r rheiny yn y nos, o dan y dillad gwely!'

Gall datganiadau fynd yn wrthrych ffydd, fel gyda sgolasticiaeth dilynwyr Luther a Chalfin, a gall hynny beri mai cytuno â chredo yw ffydd, nid ymlyniad wrth berson. Gall gorbwyslais ar ddatganiadau ysgaru credinwyr hefyd oddi wrth agweddau addfwyn ffydd, fel tynerwch, cydymdeimlad a dychymyg. Gwrandewais dro'n ôl ar efengylwr-ceidwadol yn gweddïo ar funud ddwys, ond esbonio trefn iachawdwriaeth i ni'r gynulleidfa a wnaeth, nid annerch Duw.

(ch) Mae'r elfen wyrthiol yn y Beibl yn bwysig iddynt hefyd, weithiau ar draul y moesol. Soniais uwchben am drefn i oedfa blant a gyhoeddwyd mewn papur enwadol, a anelai at ddangos bod Iesu'n Fab Duw, ond y profion oedd iddo gael ei eni'n wyrthiol, iddo gerdded ar y môr, iddo iachau pobl, iddo atgyfodi ac yn y blaen. Dim sôn am Deyrnas Dduw, damhegion Iesu, ei ofal am y difreintiedig, ei ddewrder ffyddlon. Ond mae canlyniadau i anwybyddu pethau 'cyffredin' am Iesu. Ai pwyslais yr Eglwys Babyddol ar y 'gwyrthiol' yn ei bywyd, effaith geiriau'r offeiriad yn yr offeren efallai, ar draul sylw i eiriau syml Iesu fel 'Gadewch i blant bychain ddyfod ataf' a arweiniodd at y drwg rhywiol a wnaed i blant aneirif gan offeiriaid?

2. Cristnogion Traddodiadol-Ddiwylliannol

Caiff y rhain eu bodloni ar y ffydd a dderbyniasant dros amser drwy Ysgol Sul, ac oedfa, a gwelant eu ffydd drwy'r ffurfiau diwylliannol a gyfryngodd y ffydd iddynt. A Chalfiniaeth wedi dylanwadu cymaint ar Anghydffurfiaeth yng Nghymru, nid oes fwy na mwy o wahaniaeth rhwng diwinyddiaeth rhai o'r rhain ag un yr efengylwyr-ceidwadol. Anodd deall pam nad yw rhai personau amlwg yn eu plith yn galw ei hunain yn efengylwyr-ceidwadol os nad yn ffwndamentalwyr. Beth sy'n eu dal yn ôl?

Mae llu o eglwysi traddodiadol-ddiwylliannol wedi gwyro pobl tuag at fath ar efengyleiddiaeth-ceidwadol. Ni dderbyniais i weinidogaeth efengylaidd-ceidwadol erioed, ond sioc i mi yn y coleg diwinyddol oedd clywed yn fy narlith gyntaf ar y Testament Newydd, fod awdur Efengyl Marc, yn ei adnod gyntaf oll, wedi newid geiriau Eseia er mwyn gallu eu cymhwyso i Ioan Fedyddiwr. Sut oedd eglwysi na allai'r un gweinidog yno tra oeddwn i'n eu mynychu fod ymhellach oddi wrth y safbwynt efengylaidd-ceidwadol, wedi gwneud 'llythrenolwr' ohonof? Mae'n hemynau'n llawn llinellau efengylaidd-ceidwadol wrth gwrs, a'n hoedfaon yn frith o ymadroddion fel 'darllen o'r Gair'. A rhwng tynfa cynifer o eglwysi tuag at ddoe, a naws ffraellyd rhai eglwysi, tyfodd y gred mai bod yn 'ddoeth' yw prif nod gweinidog da. Felly pregethodd llu o weinidogion da ar hyd eu gyrfa ymhell y tu ôl i'w hargyhoeddiadau dyfnaf, gan bregethu yn y *'theological suburbs'* ys dywed un beirniad.

Pan ddaw newydd-deb heriol heibio, siawns na leisia Cristnogion traddodiadol-ddiwylliannol y geiriau 'Iesu Grist heddiw, yfory ac yn dragywydd' – ond eu Iesu hwy, wrth gwrs! Gall rhai ohonynt ddysgu gwersi rhwydd, sef ychwanegu at yr hyn a gredant eisoes, ond bydd y dysgu anodd, sef dad-ddysgu rhai hen gredoau, yn ormod i lawer. Mae ganddynt rhai credoau nad ydynt o anghenraid yn eiddo personol iddynt hwy, ond teimlant mai dyletswydd Cristion yw eu 'credu'! Ond gall credoau a goleddir felly ddirywio'n rhwydd i 'grefydd swcr', gyda Duw sy'n ateb gweddïau am ffafrau personol, di-bwys.

Yn y diwedd, mewn sefyllfa sy'n mynnu newid, pwysau negyddol fydd y rhain. Heb sefyll erioed ar unrhyw ffin, nid ydynt wedi dysgu gwahaniaethu'r da a'r gorau, felly un o'u problemau yw *'misplaced loyalty'* Soniant am ffyddlondeb i'r 'tadau', ond pe baent wedi byw yn oes eu 'tadau', annhebyg mai y nhw fyddai'n gefnogwyr iddynt! Ond teg cydnabod iddynt yn aml gyfrannu at gadw pethau i fynd hyd yma.

3. Diwygwyr Diwinyddol

Mae'r garfan hon yn gweld fframwaith diwinyddol y ddwy arall yn ymddatod. Gwelais hen gydfyfyriwr o'r gogledd mewn cwrdd yng Nghaerdydd dro'n ôl. Wedi'r oedfa esboniodd ei fod yn y brifddinas ar gyfer pwyllgor, a'i fod wedi dod i gapel dieithr gan obeithio cael ymborth gwell na'r deunydd a glywai bob Sul yn ei gylch ef. Cefnodd eraill o'r garfan hon ar addoli, eto heb golli diddordeb mewn ffydd. Pobl yn dal i chwilio am atebion yw llawer ohonynt. .

Mae awduron sy'n trafod atebion felly heddiw. Ysgrifennant mewn cywair newydd, ac yn fanwl, ond mae eu gorwelion yn eang. Astudiant hanes byd-eang Cristnogaeth, a holant ynghylch crefyddau eraill. Credant nad oes heddiw gynifer o atebion ag a feddai ein cyndadau a'n cynfamau yn y ffydd, a'n bod yn llai sicr o'r hyn yr ydym yn sicr ohono nag yr oeddent hwy. Derbyniant fod amrywiaeth o atebion ym myd ffydd, ac yn wyneb mawredd yr Efengyl bod hyn i'w ddisgwyl. Yn wahanol i'r ddwy garfan arall, sy'n aml yn imperialaidd, hyd yn oed ynghylch manion cred, mae'r rhain yn amharod i wneud mwy na mwy o ddatganiadau terfynol.

Gall y gogwydd hwn fod allan o gyrraedd rhai nad oes ganddynt gwestiynau ynghylch yr hen ddiwinydda cyfundrefnol, neu nad ydynt yn barod i wynebu cwestiynau a gwyd eraill. Gall newydd-deb y gogwydd fod yn anathema i rai am resymau dyfnach na rhai meddyliol. Gall cydnabod patrwm newydd o feddwl alw am fesur o hunanymwadu! Siawns felly y gwrthwyneba rhai o'r rhain y patrwm newydd, a gan mai hwy sy'n debyg o fod ar y brig sefydliadol, maent mewn sefyllfa i niweidio'r newydd, ac i wfftio ei bleidwyr − dros dro.

Defnyddiodd Thomas Kuhn, Athro ym Mhrifysgol Princeton, yr ymadrodd *paradigm shift* am newidiadau sylfaenol mewn gwyddoniaeth. Gall *paradigm shift* ddigwydd mewn diwinyddiaeth hefyd. Seiliodd y diwinydd Hans Kung ddarlith a draddododd yn Awstralia yn 2009 ar syniad Kuhn am *paradigm shift*. Yn ôl awdur Americanaidd, Phyllis Tickle, mae eisiau *paradigm shift* diwinyddol o leiaf bob 500 mlynedd. (Mae 500 mlynedd bron er pan hoeliodd Luther ei ddatganiadau ef ar ddrws Eglwys '*All Saints*' yn Wittenburg ym 1517!)

Mae'r awduron sy'n cynnig atebion diwinyddol newydd heddiw'n credu bod *paradigm shift* yn digwydd nawr. Ymwrthodant ag elfennau sydd i efengylwyr-ceidwadol a chredinwyr traddodiadol-ddiwylliannol o hanfod yr Efengyl, fel darlun cyn-wyddonol o'r *cosmos*, darlun cyfreithiol o berthynas Duw â dynoliaeth, a darlun aberthol Iddewig o faddeuant. Mae bryd yr awduron creadigol hyn yn crynhoi o gwmpas themâu fel anian Duw, bywyd daearol Iesu, pwysigrwydd y byd hwn, blaenoriaeth y moesol dros y gwyrthiol, ysbryd cynhwysol, gwrando ar eraill, a goddefgarwch.

Dyma enghreifftiau o bethau a ddywedant am thema a esgeuluswyd yn arw, sef bywyd daearol Iesu.

(a) Er cymaint y dibynnodd Cristnogaeth y Gorllewin ar lythyron Paul, nid oes sôn pendant ynddynt am fywyd daearol Iesu, ar wahân, fel y dywedais yn y nawfed bennod uwchben, i'r hyn a ddywed am y Swper Olaf, (1 Cor 11,11) Nid yw Paul yn sôn am brif neges Iesu yn ôl yr Efengylau, sef y neges am deyrnas Dduw, nid yw'n dyfynnu Iesu, ni sonia am ei berthynas a phyblicanod a phechaduriaid, nac am ei ganmol o rai nad ydynt yn perthyn i 'bobl Dduw'.

(b) Gan bwyso ar waith Geza Vermes, cododd Pryderi Llwyd Jones yn 'Iesu'r Iddew' y cwestiwn, pa fath o berthynas â'i Dad a fyddai'n feddyliol bosibl i Iesu, fel Iddew, ei harddel.

(c) Cymdeithas o ysgolheigion Americanaidd, gyda rhai fel Don Cupitt a Karen Armstrong o Loegr a Hans Kung o'r Almaen yw'r *Jesus Seminar,* sy'n ceisio dysgu mwy am yr Iesu daearol. Dechreuodd ymchwil am yr Iesu hwnnw ddwy ganrif yn ôl, ond ymdawelodd wedi *The Quest for the Historical Jesus* (1906) Albert Schweitzer. Ail-afaelodd y *Jesus Seminar* yn yr ymchwil, a defnyddio dulliau newydd, gan gynnwys cydweithio ysgolheigaidd. Mae gwahaniaethau rhwng Cymrodyr y *Seminar*, ond cytunant ar faterion fel lluosogrwydd agendau yr Efengylau.

Diweddglo

Does dim eisiau gofidio heddiw am fodelau diwinyddol efengylwyr-ceidwadol a'r garfan draddodiadol-ddiwylliannol. Y rheiny yw'r *'default option'* yn y Gymru Gristnogol Gymraeg nawr, yn rhai o'i swyddogion enwadol, ei phulpudau, ei 'cholegau', ei mudiadau, ei chylchgronau. Dywedodd gweinidog fu'n gyfrannwr cyson i'w bapur enwadol wrthyf, fod y pwyslais efengylaidd-ceidwadol mor ganolog yn hwnnw bellach fel y teimla ei fod wedi ei ddifreinio. Ond mae rhwystrau yn ffordd modelau'r diwygwyr diwinyddol. Dyma rai..

(a) Tuedda efengylwyr-ceidwadol ddisgrifio pob syniad Cristnogol newydd â'r label 'rhyddfrydol', a gafodd enw drwg ddechrau'r ganrif ddiwethaf. Tueddant feio pob trai ar grefydd ar ryddfrydiaeth. Iddynt hwy mae'r gair ei hun yn gondemniad; nid oes angen na ffeithiau cyfoes na rheswm ar ben hynny! Felly geilw rhai rhyddfrydwyr eu hunain heddiw'n ddiwinyddion 'blaengar' (*progressives*). Ond yn ôl Gary Dorrien, prif hanesydd rhyddfrydiaeth yn yr Unol Daleithiau, sy'n llanw'r gadair yr eisteddai Reinhold Niebuhr ynddi gynt yng Ngholeg Diwinyddol Union yn Efrog Newydd, ni ddylid ymddiheuro am y gair 'rhyddfrydol', mae tras ganmoladwy iddo. Dywed fod pob diwinyddiaeth heddiw nad yw'n ffwndamentalaidd, yn rhyddfrydol, gan gynnwys diwinyddiaeth ryddhad. Iddo ef felly, mae diwinyddiaeth ryddfrydol yn fyw ac iach, ac yn opsiwn anrhydeddus.

(b) Mae rhyddfrydiaeth yn fwy cymhleth nag efengylyddiaeth-geidwadol. Gall un egwyddor, fel y gred yn anffaeledigrwydd y Beibl, gadw eglwys efengylaidd-geidwadol ynghyd, ond bydd eisiau nifer o egwyddorion i gadw eglwys ryddfrydol at ei gilydd. Ymddengys fod rhai Cristnogion sy'n rhyddfrydol eu hysbryd, yn credu nad yw rhyddfrydiaeth fawr mwy na gwrthod y gred bod y Beibl yn anffaeledig, eithr mae nifer o agweddau at ffydd a bywyd yn bwysig i ryddfrydiaeth, megis rhyfeddod, goddefgarwch, deialog ac ati. Un o anghenion rhyddfrydwyr fel carfan ar hyn o bryd yw disgrifiadau mor llawn ag y gellir o'u cred a'u hysbryd – ni fu gormod o ymdrech ganddynt i roi llun ar eu hanfodion hyd yma.

(c) Mae gan efengylwyr-ceidwadol fudiad, cylchgrawn, canolfan a choleg, ond nid oes adnoddau ffurfiol eto gan ryddfrydwyr, a thra bod eglwysi sy'n galw eu hunain yn eglwysi efengylaidd, nid oes eglwysi sy'n eu galw eu hunain yn eglwysi rhyddfrydol, er bod eglwysi felly ar gael - rhai ohonynt â gweinidogion efengylaidd-geidwadol, sy'n codi cwestiwn moesol i rai.

(ch) Cam cyntaf i rai sydd am hyrwyddo rhyddfrydiaeth ddiwinyddol yng Nghymru heddiw yw iddynt, os ydynt yn arwain addoliad, hepgor iaith a syniadaeth efengylaidd-geidwadol. Os credant mai Iesu yw Gair Duw, yna, wrth fendithio darlleniad mewn oedfa, dylent ddeisyf bendith ar 'y darlleniad', neu'r 'darlleniad o'r Beibl', neu 'o'r ysgrythurau', ac nid 'o Air Duw'. A dylent fentro'n gyfrifol, mewn pregeth, gweddi neu erthygl. Er i Pari Huws Dolgellau, awdur 'Arglwydd Iesu, llanw d'Eglwys...' – achub y blaen arnaf, cofiaf y poer y bu rhaid i mi ei lyncu cyn dechrau gweddi y waith gyntaf â'r geiriau – rhai digon dof a Beiblaidd – Ein Mam a'n Tad - ond yr oedd ymateb ambell enaid yn felys. A dylent gynnig ambell syniad newydd, i rai wybod nad yr opsiynau oesol yw'r unig rai. Gall mentro felly ragdybio mesur o ddewrder personol i rai, wrth gwrs.

Creu llwyfan i opsiynau gwahanol yn y byd Cristnogol Cymraeg cyfoes yw un o amcanion gwefan Cristnogaeth 21. Cam iach arall fyddai creu lle i bobl sy'n awyddus i hogi eu syniadau diwinyddol i wneud hynny yn eu heglwysi eu hunain. Un o'r datblygiadau mwyaf addawol a glywais amdano ers tro yw ymgais ambell eglwys Gymraeg nawr, drwy drafod agored ymhlith ei haelodau, i geisio adnabod a chofnodi pa argyhoeddiadau sy'n eu clymu at ei gilydd. Gwelais un ddogfen orffenedig, un sydd ar y gwêyll, a gwn am un sydd ar y gorwel.

Diddorol yw'r hyn a ddywed y ddwy gyntaf am Iesu. Dywed un: 'Mae amrywiaeth mawr yn ein credoau ynghylch Iesu, eithr ceisiwn ddysgu mwy am Iesu'r dyn ac am y ffyrdd gwahanol y mae rhai mewn cymunedau eraill yn ei weld, ond mynnwn wneud gwersi ei fywyd a'i ddysgeidiaeth yn ganolog, a wynebu'r alwad i'w ddilyn drwy geisio byw y cariad a'r cyfiawnder a ymgorfforwyd ym mywyd a dysgeidiaeth Iesu..' Nid gosodiad *'coercive'* am Iesu diffiniedig, ond disgrifiad cynhwysol o Iesu estynedig. Gosodiad yw sy'n rhoi lle i'r Iesu sy'n ymddangos byth a hefyd i ni sydd eisoes wedi ei adnabod, mewn ffyrdd sy'n ein gorfodi i'w adnabod o'r newydd, fel y bu rhaid i'w ddisgyblion cyntaf wneud yn eu profiadau o'i Atgyfodiad. Mae hefyd yn ddisgrifiad sy'n parchu ac yn anrhydeddu cred pob aelod o'r eglwys am Iesu.

Y mae angen i ni sy'n credu bod Duw'n dweud pethau newydd ac anodd weithiau wrthym y dwthwn hwn, gofio'r hyn sy'n y fantol. Yn eu plith y mae'r gwirionedd, ein hintegriti ein hunain, ein parch at bererindod cyd-Gristnogion, ein henw da ni y tu allan, ein cyfraniad i gymdeithas - a phorthi'r rhai sydd heddiw'n newynu.

Cwestiynau

1. A yw rhyddfrydol yn air da i ddynodi safbwynt Cristnogol?

2. A ydych yn credu bod lle i Gristnogaeth traddodiadol-ddiwylliannol?

12 Symud Ymlaen Cristnogol

John Bunyan

O bryd i'w gilydd darllenaf am enwogion Cristnogol sy'n mynd yn angof, a pha ddydd am Bunyan y darllenais. Ganed ef ym 1628 yn Bedford. Yn 27 oed ymunodd ag eglwys Ymneilltuol. Pregethodd iddi pan oedd pregethu y tu allan i eglwys plwyf yn dor-cyfraith, ac yn 32 oed carcharwyd ef am 11 mlynedd. Yn 49 oed cafodd 6 mis o garchar eto, ac yna, tan ei farw'n 60 parhaodd yn fugail prysur.

Rhan fawr o'i brysurdeb oedd ysgrifennu 60 o lyfrau. Yr enwocaf, a ysgrifennodd yn 50, oedd 'The Pilgrim's Progress' – ei deitl llawn yw 'The Pilgrim's Progress from This World to the Next, Delivered under the Similitude of a Dream.' Am amser, ac eithrio'r Beibl, dyna'r llyfr tebycaf o fod mewn cartref yn Lloegr, ond cyfieithiwyd ef i lawer o ieithoedd, gan gynnwys y Gymraeg.

Gwaith yn perthyn i'w gyfnod yw, a gwna hynny hi'n anodd i ni heddiw gael ein hyfforddi ganddo. Ond gŵyr llu na ddarllenodd y llyfr am ei deitl, a ddylai eu hatgoffa nad statws llonydd yw'r bywyd Cristnogol, ond cyflwr o symud ymlaen o hyd. Dyna gyfraniad parhaol Bunyan i'r byd Cristnogol. Cyfansoddodd Vaughn Williams opera, The Pilgrim's Progress, yr olaf iddo ei orffen. Gweithiodd arno am 40 mlynedd, ond newidiodd enw'r prif gymeriad o Cristion i Pererin!

Symud Ymlaen yn y Gorffennol

Yn gynnar yn hanes Cristnogaeth, tybid y byddai rhai ymarferion yn symud Cristnogion ymlaen yn eu ffydd. Un oedd pererindota, gan amlaf i fan cysylltiedig â sant. Wedi i Cystennin ar ddechrau'r bedwaredd ganrif wneud Cristnogaeth yn grefydd ei Ymerodraeth, aeth Helena ei fam ar bererindod i Balestina, a dod o hyd yno, meddid, i groes Iesu. Rhoddodd hynny hwb i bererindota i Balestina, hyd yn oed o Gymru, ond pan goncrwyd Palestina gan Fwslimiaid caewyd y drws hwnnw. Eithr parhaodd pererindota, yn Ne Cymru i Dyddewi er enghraifft, ac yn y Gogledd i Ffynnon Gwenfrewi yn Nhreffynnon. Bu pererindota o

Gymru i Loegr ac Ewrob hefyd yn y Canol Oesoedd, a chaed gwestai ar hyd y ffyrdd i letya pererinion.

Ffordd arall y tybid yn y Canol Oesoedd a fyddai'n symud Cristion ymlaen yn ei ffydd oedd dilyn labrinth, sef llwybr sy'n arwain ar hyd cylch neu gylchoedd n'ôl at y man lle y cychwynnodd yr ymdeithiwr. (Bu cylch erioed yn sumbol ysbrydol o gyfanrwydd.) Y gred oedd y gallai dilyn labrinth yn unplyg fwrw pethau ymylol bywyd naill ochr, gan greu lle i newid mewnol, fel cefnu ar ddisgwyliadau arwynebol, a dod i gyswllt ag unigedd yr enaid, ac ymwybod â meddyliau dwfn. Mae enghraifft nodedig o labrinth Canol Oesol ar lawr Eglwys Gadeiriol Chartres yn Ffrainc, a godwyd ddechrau'r drydedd ganrif ar ddeg. Deil Cristnogion i'w cherdded a bydd awdurdodau'r eglwys yn symud y dodrefn yno i gwrdd â'r gofyn bob hyn a hyn.

Gwendid Protestaniaeth

Ond ni bu symud ymlaen mewn ffydd yn thema bwysig ymhlith Protestaniaid. Yr achos medd Paul Holmer, cyn-Athro Diwinyddiaeth Iâl yn yr Unol Daleithiau (m.2004), yw i bregethwyr Protestannaidd fod mor daer i sôn am ras Duw fel iddynt esgeuluso sôn am symud Cristion ymlaen mewn ffydd. O ganlyniad mae addoli Protestannaidd wedi anelu at greu credinwyr a ffyddloniaid, ond nid pererinion. Bu mwyafrif Protestaniaid fyw heb ymdeimlad o fywyd fel pererindod. Nid awgrymodd teithi meddwl eu heglwysi hynny iddynt, na chynnig disgyblaethau i'w helpu yn hynny.

Ond mae arwyddion ymhlith Cristnogion Cymru heddiw o gonsyrn am symud ymlaen mewn ffydd, ac un yw'r twf mewn pererindodau mewn grwpiau. Rhaid bod nifer cynyddol o Gristnogion yn ein cymdeithas frysiog unigolyddol ni'n awyddus am batrymau na fu'n arferol yn ein heglwysi, fel hamddena corfforol pwyllog mewn cwmni, a chysylltu hwnnw â phobl a lleoedd a greodd eu hethos Cristnogol, cysylltu a all gyffroi a chyfoethogi ffydd. Faint o'r 'pererinion' hynny tybed a garai gymryd camau ymhellach i symud ymlaen mewn ffydd? Credaf y byddai rhai heddiw'n croesawu mwy o arweiniad nag a gynigir iddynt ynghylch hynny.

Gall ychydig o arweiniad doeth beri newid mawr. Atgof cynnes i mi yw am fynd i bwyllgor, a'r cadeirydd eisiau i ni adnabod ein gilydd yn well cyn i ni wneud penderfyniadau. Rhoddodd bapur a phensil i bawb a gofyn i ni dynnu llinell ar draws y papur. 'Y llinell yna yw'ch bywyd chi' meddai hi, 'nodwch bump man arni pan wnaethoch ddewis â rhyw gyswllt â'ch ffydd, a newidiodd eich bywyd er gwell. Yna trowch at y person ar y chwith i chi ac esboniwch eich dewisiadau'. Nid oes cof gennyf i mi cyn hynny edrych ar fy mywyd fel Cristion yn ei gyfanrwydd, ond creodd y profiad hwnnw ymwybyddiaeth ynof ohonof fy hunan nid fel un yr oedd y bywyd Cristnogol dim ond wedi digwydd i mi, ond fel un a oedd wedi cymryd rhan yn y broses, ac hyd y gwelwn, wedi gwneud ambell ddewis yr oedd gras yn elfen ynddo o bosibl.

Ffug Ysbrydolrwydd

Mae llawer o ffug symud ymlaen Cristnogol. Y llyfr perffeithiaf a ddarllenais erioed efallai oedd 'Godric', nofel gan Frederick Buechner, awdur Cristnogol yn America y cefais y fraint o'i adnabod. (Honna fod diferyn o waed Cymreig yn ei wythiennau!). Meudwy yn y Canol Oesoedd yw Godric, yn byw ar lan yr afon Wear yng Ngogledd Lloegr. Mae abad mynachlog gerllaw'n sylweddoli bod Godric yn heneiddio, dylai rhywun felly baratoi hanes ei fywyd, a gyrra un o'i fynachod i fyw gydag ef i holi ei hynt. Ond i hwnnw, santeiddrwydd yw bod yn arallfydol, a phriodola amcanion ysbrydol i rai o weithredoedd Godric nad yw Godric ei hunan yn eu hystyried yn ysbrydol o gwbl. Canmola Godric, er enghraifft, am sefyll am ran o bob dydd haf a gaeaf lan hyd at ei wregys yn yr afon gerllaw. Ceisia Godric esbonio i'r mynach – ond yn ofer - nad disgyblaeth grefyddol mo hynny iddo, ond yr unig ffordd i gadw nwydau ei lwynau dan law – er ei oedran!

Rhwystrau i Symud Ymlaen

Mae cymaint i'w ddysgu am rwystrau i Gristion symud ymlaen. Soniais yn yr erthygl uwchben ar Ffydd ac Arian am erthygl a welais - gan seiciatrydd o Ysbyty Maudsley, Llundain am yr Americanwr Howard Hughes a bod yn fanwl. Bu Hughes yn llwyddiant mawr ar sawl cyfrif, cynhyrchodd ffilmiau, a chynlluniodd awyrennau, ond ddiwedd ei oes gwisgai fenyg wrth ysgwyd llaw â phobl, a mwgwd wrth siarad â nhw, rhag iddo ddal rhyw haint oddi wrthynt! 'Mae cyfoeth a phŵer yn cynnig ffyrdd rhwydd i osgoi gwaith seicolegol anodd' meddai'r seiciatrydd. Sôn yr oedd am y gwaith o ddod i adnabod ein hunain drwy wrando ar feirniadaeth eraill ohonom. Gall hynny ymestyn ein gallu i drafod ein hunain, fel y medrwn fyw mor hapus ag y mae modd, mewn ffordd y bydd ymwneud â ni'n haws i eraill, ac a'n gwna'n fendith ac nid yn broblem i gymdeithas. Ond nid oes rhaid i'r cyfoethog a'r pŵerus wrando ar eraill, nac addasu eu hunain iddynt, nid oes rhaid iddynt hyd yn oed gael eu hoffi ganddynt (daw hanes 'Syr' Fred Goodwin druan i gof, prif weithredwr *The Royal Bank of Scotland* ddechrau'r ganrif.)

Ond gall neges y seiciatrydd hwnnw gyffwrdd â rhai heb gyfoeth a phŵer amlwg. Mae gan athrawon bŵer o flaen dosbarth, gall dynion a menywod gael pŵer ar eu haelwydydd neu mewn undeb llafur - neu mewn eglwys! Siarad am waith anodd seicolegol wnaeth y seiciatrydd, ond mae'r hyn a ddywed yn wir am waith anodd Cristnogol personol neu gymunedol.

Mae cynghorion ynghylch symud ymlaen yn y bywyd Cristnogol yn niferus, ond mae rhai'n allweddol. Un mi dybiaf yw gosodiad gan Paul Holmer yn ei lyfr '*Making Sense of Our Lives*': 'Daw gwersi Cristnogol yn ddealladwy i ni dim ond pan ddechreuant ein newid ni, ac mewn ffyrdd dwfn.' (Gyda llaw, cyflwynodd Holmer ei lyfr i frawd iddo â nam arno, a oedd, drwy wynebu problemau ar hyd ei oes, wedi gorfodi ar Paul y sylweddoliad y gallwn drwy bopeth fod yn 'fwy na choncwerwr' drwy Iesu. Teithiai Paul lawer, ond cariai bob amser gerdiau yn ei boced, a gyrrai un bob diwrnod at Randall.)

Cymdeithas a'i Sefydliadau

Nid yn ein bywyd mewnol yn unig y mae symud ymlaen mewn ffydd, mae hynny'n ymwneud â'n perthynas â sefydliadau ein cymdeithas hefyd - â.phriodas, er enghraifft - i rai beth bynnag! Cofiaf ddarlledwr yn America'n dweud bod parau ifainc heddiw'n ysgaru cyn gwybod pa frechdanau y mae'r llall yn eu hoffi! Syndod i mi wrth ddychwel i Gymru oedd mynd i briodasau mewn capeli a'r gweinidog ddim yn rhoi'r un gair o gyngor i'r pâr o'i flaen, dim ond mynd drwy'r oedfa yn y Llyfr Gwasanaeth. Nid oes angen siarad yn faith mewn priodas, ond o leiaf mae eisiau cyflwyno'r syniad nad cyflwr statig i fodloni arno neu beidio yw priodas, eithr ystad a ddylai olygu pleserau, ond hefyd rhywfaint o waith, o dyfu yn y gallu i ddeall yr hunan, ac i wrando ar gymar, er mwyn symud ymlaen a deall anian cwlwm agos rhwng dau!

Mae a fynno symud ymlaen mewn ffydd ag ymwneud â'r gymdeithas o gwmpas hefyd, fel unigolyn neu fel aelod o gwmni, weithiau mewn gwrthwynebiad, ond yn aml mewn cefnogaeth, boed hynny drwy air neu arian neu amser neu fod yn bresennol yn rhyw le, ac weithiau drwy ymroi i ambell achos arbennig, fel pwyslais dwys rhai Cristnogion Cymreig heddiw ar heddwch.

Symud Ymlaen, a Bywyd Eglwys

Dylai'r broses o symud ymlaen berthyn i fywyd eglwys hefyd, drwy gyfarfodydd i drafod cwestiynau sy'n ei diffinio mwy a mwy yn wyneb sialensiau'r oes. Gall symud ymlaen olygu newidiadau, hyd yn oed yn ein dulliau o addoli – yn arbennig yn ein dulliau o addoli efallai. Gwelais lyfr pa ddydd ynghylch newid patrymau addoli anglicanaidd. Oni ddaeth yn amser i anghydffurfwyr Cymru ystyried newid eu dulliau o addoli? Darllenais un tro am rwystredigaeth Lewis Valentine ar ddiwedd ei yrfa, wrth wynebu'r dirywiad yn nifer ac ansawdd y gynulleidfa a wasanaethai. Ond y rhwystredigaeth pennaf oedd na wyddai beth i'w wneud. Yr unig ateb y gallai feddwl amdano oedd 'mwy o bregethu' - heb fanylu ar beth a olygai hynny. Ai unffurfiaeth ei addoli dros ddegawdau a'i rhwystrai rhag gweld posibiliadau eraill?

Mae mwy na digrifwch yn y disgrifiad o addoli anghydffurfiol fel 'hymn sandwiches', ac onid yw'r lle a roddir i un peth a wna un person mewn cwrdd yn camliwio ystyr addoli, fel pe na bai addoli'n ddim mwy na gwrando'n fud ar draethiad un person – dieithryn yn aml y dyddiau hyn. Mae ymadroddion ac adnodau fel 'rhannau arweiniol', a 'pa fodd y credant heb bregethwr' (Rhuf 10, 14), yn cuddio'r ffaith fod mwy nag un ffordd i bregethu, a bod ffurf y bregeth Gymreig wedi chwythu ei phlwc fel 'Y' ffordd, fel y dylai llwyddiant Trydar a Gweplyfr fod wedi'n dysgu.

Mae mwy nag un amcan i'r cyhoeddiadau am oedfaon eglwysi anghydffurfiol am y Sul canlynol sydd ar y Western Mail a phapurau eraill bob Sadwrn, ond onid un o'u negeseuon anfwriadol yw mai'r un yw hanfod ein haddoli anghydffurfiol ag erioed - dod i glywed 'y pregethwr' y bydd cynulleidfa. Tybed a ddaeth yr amser i roi'r gorau i enwi mewn papurau y rhai sy'n pregethu mewn nifer bach o eglwysi.

Yn ogystal â mawl a defosiwn a darllen ac ati, dylai addoli gynnwys ysbrydiaeth a chyngor ynghylch symud ymlaen mewn ffydd, drwy annerch weithiau wrth gwrs, ond weithiau hefyd drwy ymateb, trafod, cwestiynu, drwy aelodau 'cyffredin' yn siarad, arbenigwyr i arwain ar destunau Beiblaidd neu bynciau llosg, a dadleuon rhwng safbwyntiau gwahanol. Golyga hynny newid yn agwedd a gwaith a sgiliau – a pharatoad - gweinidog. Mentrodd ambell un eisoes ar newidiadau felly, ond mae'r arloeswyr yn brin.

Y Chwyldro Gerllaw

Nid peth di-amser yw unrhyw symud ymlaen yn Gristnogol chwaith, dylai fod cyswllt rhyngddo a'r hyn sy'n digwydd i Gristnogion yn y byd a'r cyfnod y maent yn byw ynddo.

Yn ail bennod y llyfr hwn soniais am yr angen i Gristnogion heddiw symud ymlaen drwy gefnu ar ddylanwadau niweidiol y cyfnod Cysteninaidd arnynt dros ddwy ganrif ar bymtheg. Mae'n braf gallu tynnu'r llyfr i ben nawr drwy sôn am symud ymlaen o fath newydd.

Pe bawn i wedi cael fy ngalw o'r byd hwn rhyw bum mlynedd yn ôl, byddwn wedi mynd yn siomedig, yn yr ystyr na fedrwn bryd hynny weld argoelion o ddyfodol iach i'r Eglwys Gristnogol yn y byd hwn yn lleol nac ar raddfa byd-eang, ac ar wahân i'm teulu, yr Eglwys Gristnogol, corff Crist, fu fy ngofal pennaf i mewn bywyd. 'Roedd y mudiad a ysbrydolodd rhai o'm cenhedlaeth i, y mudiad ecwmenaidd, ar ôl gwneud gwaith da iawn, i bob golwg wedi rhedeg ei yrfa, a doedd dim ysbrydiaeth newydd i'w weld ar y gorwel. Ond ers peth amser nawr rwyf wedi synhwyro bod chwyldro'n dechrau yn y byd Cristnogol, ac mae rhai o'r argoelion eisoes wedi ymddangos yma a thraw yn y llyfr hwn.

Sail y Chwyldro

Ei sail yw'r ffaith bod map y byd Cristnogol wedi newid. Yn ôl un cyfrif, lle 'roedd 80% o Gristnogion yn 1900 yn byw yn y Gorllewin, nawr, mae bron 70% yn byw yn Affrica, De America, Asia, ac Ynysoedd Môr y De - '*the global south*' fel y'i gelwir weithiau.

Mae nifer o ysgolheigion hanes yr eglwys, yn gweld ers peth amser bod hanes traddodiadol yr Eglwys, a deall yr Eglwys o'r Efengyl, hyd yma wedi ei lywio gan orllewinwyr. Ond bellach mae nifer o ysgolheigion gorllewinol wedi astudio Cristnogaeth yn y byd anorllewinol. Un amlwg iawn yw Andrew Walls, cyngenhadwr yn Cenia a fu'n Athro ym Mhrifysgol Caeredin mewn 'Cristnogaeth yn y Byd Anorllewinol'. Mae myfyrwyr 'anorllewinol' hefyd wedi astudio hanes yr eglwys ym mhrifysgolion a cholegau diwinyddol gorau'r gorllewin, a nawr yn llanw Cadeiriau ynddynt – ond yn aml bellach, nid Cadeiriau yn 'Hanes yr Eglwys', mae Cadeiriau yn y maes hwnnw'n prinhau, ond Cadeiriau mewn 'Cristnogaeth Byd-Eang'. Mae'r haneswyr hyn yn tynnu sylw at sut y gwelant hanes Cristnogaeth ein rhan ni o'r byd o'i gymharu â hanes 'Cristnogaeth Byd-Eang'. Bu hyn oll yn wasgfa gynyddol ar feddylwyr Cristnogol y Gorllewin i edrych hefyd ar gynnwys ein ffydd o'r newydd, ac mae'r olwg a rydd eu safbwynt ar Gristnogaeth traddodiadol y Gorllewin yn syfrdanol.

Yr Anwybodaeth Cristnogol Gorllewinol

Ni ŵyr Cristnogion y gorllewin fawr ddim, er enghraifft, am y Gristnogaeth a ymlwybrodd o'r cychwyn cyntaf oll, o Jerwsalem, nid tuag at y Gorllewin, tuag at y mannau yr ysgrifennodd Paul at yr eglwysi ynddynt, tuag at Corinth a Philipi a Rhufain ac ati, ond y Gristnogaeth a ymlwybrodd tuag at y Dwyrain, at Armenia ac Ethiopia ac India a Tseina.

At hynny, tyfodd llawer o Gristnogaeth y byd yn y canrifoedd diweddar y tu allan i ddylanwad y gorllewin, gan gynnwys Cristnogaeth llu o bobl ymylol ein byd, ac nid yw hwnnw wedi ei gofnodi gan haneswyr Cristnogol gorllewinol, sy'n aml wedi bod yn genhadon ac wedi ysgrifennu i raddau helaeth o safbwynt *'colonial'*.

Bu'n gred yn y gorllewin mai Cristnogion gorllewinol a aeth â Christnogaeth i Affrica. Ond gwyddom nawr bod Liberia, er enghraifft, (yn y newyddion heddiw o achos *ebola*), wedi ei phoblogi wedi'r rhyfel cartref yn America yn y ddeunawfed ganrif, gan dduon rhydd a dysgedig nad oedd gwynion America eu heisiau yn eu gwlad hwy. Y Cristnogion duon hynny sy'n gyfrifol am lawer o Gristnogaeth Affrica heddiw, nid cenhadon gwyn gorllewinol. Mae'r darlun o'r hyn a ystyrir yn 'Gristnogaeth glasurol' hefyd o dan warchae, (yn enwedig yn wyneb hanes sy'n dod i'r golwg am y tro cyntaf yn y gorllewin, am ffurfiau ar Gristnogaeth nad ydynt wedi arddel casgliadau Cyngor Calcedon (451), a geisiodd ddiffinio natur Iesu.

O safbwynt y 'Gristnogaeth Fyd-eang' newydd, materion cymharol fychan a phlwyfol yw prif bynciau 'hanes eglwysig' y Gorllewin, fel y rhaniad a esgorodd ar yr Eglwys Babyddol a'r Eglwysi Protestannaidd yn yr unfed ganrif ar bymtheg! Mae'r darlun newydd sy'n ymagor yn addo golwg ar y ffydd Gristnogol, ei hanes cyfan a'i chynnwys amrywiol a chreadigol, llawnach ac felly cywirach na dim a glywsom hyd yma.

Llais Proffwydol

Llais 'a'm cyfareddodd i ers tro, yw llais un y soniais amdano uwchben, llais Andrew Walls, a fu'n Athro ym Mhrifysgol Caeredin ar 'Cristnogaeth yn y Byd Anorllewinol'! Wrth astudio'i faes, gwelodd ef Gristnogaeth y gorllewin o safbwynt y Gristnogaeth anorllewinol, a gwnaeth ddatganiadau syfrdanol. Un yw nad am Dduw Iesu, ond am *'a territorial and a denominational Baal'* y mae myfyrwyr diwinyddol y Gorllewin wedi cael eu dysgu ers degawdau! Swnia hynny fel gosodiad eithafol gan sgolor byrbwyll, ond mae Walls yn ddyn o sylwedd sy'n uchel iawn, iawn ei barch. Disgrifiodd y cylchgrawn *'Christianity Today'* ef fel *'the most important man you may not know'*, ac wedi ymddeol o Gaeredin bu'n Athro Gwadd yng Ngholeg Diwinyddol Princeton. Mae Prifysgol Hope yn Lerpwl wedi rhoi ei enw ar ganolfan newydd i Astudiaethau Cristnogol yno, ac yn 2011 cyhoeddodd *Orbis Books, 'World Christianity Today, The Vision of Andrew F. Walls'*.. (Darllenwch **rywbeth** ganddo, unrhyw beth!.

Parodrwydd i Wrando a Dysgu

Beth felly os yw'r sylw o'i eiddo a ddyfynnais yn llygad ei le? Os yw, yna arswyd y byd!!!! Mae hynny'n fy nghynnwys i, a phob gweinidog yng Nghymru. Pa syndod efallai bod pethau cynddrwg arnom ni bellach. Ond o'r diwedd mae eto arwyddion cynyddol o fywyd newydd, os ydym yn barod, os ydym yn ddigon gwylaidd, i wrando a dysgu nid yn unig oddi wrth rai o'n gweledyddion praff ni ein hunain, ond hefyd oddi wrth rai yr ydym hyd yma wedi eu hystyried fel y rhai y mae Duw wedi rhoi'r baich ar ein hysgwyddau ni o roi'r 'newydd da' iddynt hwy!!   I Dduw Iesu y bo'r clod.   Amen ac amen.

Cwestiynau

1. A oes gennych ymwybyddiaeth o'ch bywyd fel pererindod?
2. A ydych yn ymwybodol o'r Gristnogaeth fyd-eang, gyfoes?